TOUT N'EST PAS SI FACILE

CONVERSATIONS HIPHOP

TOUT N'EST PAS SI FACILE

Ambitions, illusions & réalités du HipHop

Sous la direction de
Ivy Ifonge et Esimba Ifonge

La Voix du HipHop (VHH)

Editée par La Voix du HipHop, *Conversations HipHop* est une série de livres d'entretiens qui mettent en évidence la diversité des expériences, des points de vue et des personnalités du HipHop, mais aussi la multiplicité et la convergence des aspirations, des visions et initiatives liées à cette culture.

Ce premier volume des *Conversations HipHop* est inspiré par *The lost tapes* de Nas et propose une version actualisée d'entretiens réalisés par La Voix du HipHop au cours de ces 20 dernières années. Avec un focus sur les acteurs de l'Eurorégion (Hauts de France, Belgique).

Illustration de la couverture: Dany Bukasa Muteba

© La Voix du HipHop/HipHop Survivors, 2021.
ISBN 978-2-9565630-5-1

> *Éveiller les prises de conscience*
> *Et réduire les choses à l'essence*
> *Entre nous, y'a que ça qui paie : prendre le temps d'apprendre*
> *Un moment rester dans l'ombre, entreprendre, renaitre de ses cendres.*
> AFROJAZZ, «LE SACERDOCE»

> *Il est encore trop tôt pour s'écrier victoire ou crier défaite*
> *C'est pas qu'avec les grands scores des mythos*
> *qu'cette histoire s'est faite.*
> SEPT (& LARTIZAN), «SYSTÈME MÉTRIQUE»

AVANT-PROPOS

La récupération du pouvoir de notre voix

Il y a des termes et des expressions que nous n'entendons plus comme *represent, sellouts, sucker, keep it real*. En anglais, comme en français d'ailleurs. C'est un signe qui ne trompe pas sur la tournure que le HipHop a pris au cours de ces vingt dernières années. Des personnes et organisations qui n'ont rien à voir avec la culture HipHop se permettent de dicter ce qui est HipHop et ce qui ne l'est pas, ce qui est bien pour le HipHop et ce qui ne l'est pas, ce qui est possible ou pas de dire ou de faire. Que s'est-il passé? Nous avons, collectivement, perdu le contrôle de la direction de notre culture.

Cette perte de contrôle est venue, petit à petit, quand nous avons cédé notre savoir-faire (et savoir-être), qui s'est retrouvé confisqué par des gens qui n'y connaissaient rien. Nous avons cédé notre savoir-faire quand nous avons permis aux médias qui nous méprisaient de venir raconter notre histoire, à notre place (parce qu'ils nous donnaient soi-disant une plus grande exposition), nous avons cédé notre savoir-faire quand nous avons commencé à prendre comme instrument de mesure de nos art et culture, les récompenses d'une industrie et d'un marché qui ne nous considéraient pas pour ce que nous voulions être.

Nous avons cédé notre savoir-faire quand nous avons confié

la responsabilité à des managers, tourneurs, producteurs, venus de nulle part et de partout, d'organiser nos rencontres au prétexte qu'ils étaient plus professionnels. Nous avons cédé notre savoir-faire quand nous avons estimé que les institutions pouvaient aider notre culture à grandir et qu'il fallait par conséquence leur confier la manière dont nous la développions.

Que les choses soient claires

Ces institutions, ces médias, ces industries, ces professionnels ont, petit à petit, commencé à faire ce qu'ils savent faire de mieux, codifier, normer notre culture, en fonction de leurs intérêts. Et certains acteurs de la culture HipHop ont applaudi alors que l'essence même du HipHop, c'est justement défier la norme. Voilà, comment nous avons perdu le contrôle de notre culture.

Que les choses soient claires. Le HipHop n'est pas mort. Le HipHop qui se retrouve dans les mains de la culture dominante, ce n'est pas le HipHop tel que nous le concevons, de toute façon. C'est une contrefaçon. Un artefact. Une autre chose. Et cette autre chose est effectivement à l'agonie. Le HipHop, tel que nous le concevons, n'est pas mort. Tout simplement, parce qu'il n'est jamais né en fin de compte. Le HipHop, fruit de l'expérience de la jeunesse noire aux Etats-Unis, a émergé.

Que les choses soient claires. Chacun est libre d'interpréter, d'apprécier, et de vivre le HipHop à sa manière. Mais, il est important de rappeler que le HipHop est une culture. C'est un ensemble de codes, d'expériences, de connaissances, de manière de penser et de voir le monde qui se transmet par le biais de la musique, de la danse, du graffiti, des écrits, des discours, du style, principalement. Ce n'est pas un objet avec lequel on s'amuse un moment et qu'on jette après. Le HipHop est un peu comme une torche qui se transmet à travers le temps et les zones géographiques. La torche n'est pas perdue, elle est toujours là, il faut juste aller la chercher et la mériter.

Que les choses soient claires. Il ne s'agit pas de mélancolie. Nous savons, pour certains d'entre nous, ce qu'est le HipHop. Nous avons, même, en mémoire ce qu'est le HipHop. Nous connaissons la culture, au-delà de la musique. L'essence du HipHop est toujours là, bien présente. Cette essence, c'est la rébellion contre le statu quo.

L'ambition de *Conversations HipHop*

Oui. Le HipHop n'est pas quelque chose de tangible, de saisissable. C'est un état d'esprit, c'est une culture. Il est en chacun de nous, enfin ceux qui sont HipHop. Et tant que nous sommes là, tant que nous serons animés par l'esprit HipHop, tant que nous serons soucieux de la culture HipHop, le HipHop sera là. C'est justement, et la raison d'être et l'ambition de *Conversations HipHop*.

Conversations HipHop est une série de livres d'entretiens qui mettent en évidence la diversité des expériences, des points de vue et des personnalités du HipHop, mais aussi la multiplicité et la convergence des aspirations, des visions et initiatives liées à cette culture. Il s'agit, à travers ce projet, d'explorer et exposer ce que signifie être HipHop et vivre le HipHop, hier, aujourd'hui, et demain.

Parce que nous estimons que nous devons constamment nous interroger sur les valeurs que nous prétendons défendre et promouvoir. Nous sommes convaincus que, dans le HipHop, nous devons constamment nous interroger sur le modèle de société que nous voulons voir émerger, sur notre responsabilité en tant que citoyens, sur la portée de nos mots et actions, sur la société dans laquelle nous vivons, sur l'Etat, sur la police, sur la justice, sur l'environnement socio-économique.

Et nous devons le faire avec nos termes à nous. Et nous devons l'affirmer quand bon nous le semble. C'est cela, le HipHop. C'est la récupération du pouvoir de notre voix.

Esimba Ifonge, La Voix du HipHop

REGINALD AKA MC SOLDA

Le rap vaut-il le prix de ma vie ?

Reginald, enseignant et formateur, a été, dans les années 1990, une figure incontournable du rap (sous le nom de MC Solda et avec son groupe les MC Associés) et du HipHop dans la région Nord Pas de Calais (aujourd'hui Hauts de France). Il revient sur son parcours en tant que MC, nous explique pourquoi il a décidé d'arrêter le rap et tout activisme dans le HipHop, et rappelle comment cette culture lui est utile dans son activité professionnelle aujourd'hui.

VHH: Comment es-tu «entré» dans le HipHop? Qu'est-ce qui t'a donné envie d'écrire?

Réginald : Mes premiers pas dans le HipHop ? C'est un peu comme tout le monde, j'écrivais des textes chez moi, sur des choses de la vie, j'écoutais des groupes de rap et puis je me suis reconnu dans leurs paroles. J'ai essayé d'écrire des textes par rapport à ma vie et à ce que je voyais dans la rue...

En fait, je dirais qu'écrire est une forme d'auto-thérapie, quand on écrit, c'est une manière d'extérioriser tout ce qu'on a en soi, tout ce qu'on n'aime pas. C'est un cri de colère, mais cela peut être un cri d'amour aussi. Tout ce qu'on a envie d'exprimer, on l'exprime à travers les textes en fait. Il y a des gens qui vont voir des psys, d'autres écrivent des livres... Avec le recul, je me suis rendu compte qu'écrire, ça soulage et permet d'être bien dans sa peau.

Tu avais quel âge quand tu as commencé à rapper?

J'avais 18/19 ans. J'ai commencé à rapper très tard. J'écris mes textes, je rappe dans mon coin. Après, je rencontre des gens qui font des émissions de radio ou qui connaissent des DJs, et par le biais des rencontres, des associations se créent. Moi, je me suis associé avec un DJ (DJ Kéo) qui animait une émission de radio et qui m'avait proposé de rapper sur ses musiques... Au fur et à mesure, je me suis rendu compte que ça plaisait aux gens. Il y a des amis qui vous disent « tiens, c'est bien ce que tu fais, tu devrais en faire quelque chose », donc, on a commencé à s'enregistrer, mais pas de manière professionnelle, bien sûr, sur des petits magnétos. Après, on a envie de diffuser ses textes. Alors, on va dans les autres émissions de radios avec nos cassettes, on diffuse notre musique, et on est écouté. Et petit à petit, la reconnaissance commence à arriver.

Personne ne t'a appris à rapper, à structurer un morceau ? Comment as-tu appris tout cela ?

Non, personne. Je pense qu'il y en a qui l'apprennent, maintenant je présume que ça doit s'apprendre puisqu'il existe des centres pour ça. Mais, non, moi, je me suis inspiré des autres artistes et de toute façon, après ça se fait tout seul, on arrive à structurer ses rimes... D'abord, j'ai commencé en anglais, après on a envie que les gens comprennent ce qu'on dit, quand on rappe en anglais, c'est beau, c'est génial, mais les gens ne comprennent pas. Quand, c'est en français, c'est un défi, c'est une autre étape. Parce que la reconnaissance qu'on avait éventuellement avant, elle peut être mise à mal. Parce que d'un seul coup en français, ton rap a un véritable sens, et les jeunes peuvent critiquer, de manière positive ou négative, et peuvent dire ce qu'ils en pensent vraiment. Et en français, il y a un flow différent, on fait des jeux de mots... mais non, je n'ai pas eu de tuteur ou de mec qui vient nous guider, en nous disant, non ça ne se fait pas comme ça, etc... Cela se fait tout seul, on se corrige régulièrement, disons qu'on peut peut-être tenir compte de l'avis des autres, dans notre entourage, parce qu'on demande l'avis des autres aussi. A fur et à mesure qu'on s'enregistre, qu'on se réécoute et qu'on fait écouter, on finit par arriver à quelque chose qu'on croit « carré » et une semaine après on se dit, tout compte fait, ce n'est pas bien. On n'est jamais satisfaits. On est toujours en quête de perfection. On écrit, on s'entraîne, on s'enregistre. Ça ne s'arrête jamais.

C'était quoi le rap, ton loisir du moment ? Tu

faisais ça après les cours ?

Au début, je n'étais pas à fond dedans tous les jours, mais régulièrement quand même. Mais comme, personnellement, je n'avais pas d'autres loisirs, je ne faisais pas de sport à côté, je ne faisais rien d'autre... Et finalement, le rap a pris une place importante dans ma vie. Parce qu'on n'est plus soi-même. On devient celui qui fait du rap, on est présenté tel quel. Même dans la famille, « lui, il fait du rap », tout ça... Et après, on n'a même plus le temps de faire d'autres loisirs, parce que ce qui est important, c'est la musique. Et puis, il y a la reconnaissance, les gens parlent de vous, vous présentent à d'autres personnes, vous reconnaissent parce que vous faites du rap. Petit à petit, ça devient un mode de vie. Et je ne vis que pour le rap ! Après, je dirai, ça s'aggrave !

Faire du rap, cela se représentait quoi ? Est-ce qu'on te prenait pour un guignol ou un pionnier ?

Au départ, on a été très vite reconnus en tant qu'artiste. On faisait de tout, en même temps, on rappe, on tague, on se met à danser dans les soirées. Moi, j'ai tout de suite eu une reconnaissance. J'ai rencontré des gens qui m'ont dit: « nous, on t'a donné de la crédibilité parce que dans mon pseudonyme, il y avait MC. C'est aussi bête que ça... Je m'appelais MC Solda. Le fait d'avoir moi-même choisi, MC (Maître de Cérémonies), oui, ça m'a donné une crédibilité. Aujourd'hui, encore, il y a des gens qui ne connaissent pas mon vrai prénom et m'appellent MC. C'est assez particulier, parce qu'en même temps, on est amateur après tout. Mais, c'était à l'époque vers 89/90, maintenant, ça doit être différent, parce qu'il y a beaucoup plus de monde.

A part toi, il y avait-il d'autres rappeurs ?

Oui, il y en avait d'autres, on n'était pas nombreux, mais on était quelques groupes « phares », quelques groupes soi-disant représentant du vivier du Nord Pas de Calais. Nous étions des pionniers, nous étions peut-être 4 ou 5 groupes, il y en avait sûrement d'autres, qui ne se faisaient pas entendre, ou qui ne faisaient pas de concerts... Après, ça s'enchaîne, on commence par avoir une reconnaissance, on est présentés à d'autres personnes. On veut faire bouger les choses, on va vers les structures qui organisent les concerts, on essaie d'être connus à une plus grande échelle, on ne veut plus être limités aux quelques personnes de notre entourage.

Le monde HipHop à la fin des années 80 et aux débuts des années 90, c'était quoi, c'était qui ?

Il y avait à l'époque un code vestimentaire. On se reconnaissait par la tenue vestimentaire. On n'était pas nombreux. On se rencontrait dans les disquaires par exemple, à la FNAC, pour ne pas la citer, par exemple, dans le rayon HipHop. C'est comme ça qu'on se parlait, tu prends un disque, tiens, qu'est-ce que t'en penses ? C'est comme cela que les contacts se nouaient. Après la personne que tu rencontres te présente à d'autres personnes et ainsi de suite, c'est comme ça que ça se faisait. Il y avait aussi d'autres lieux de rencontres, notamment la place Rihour à Lille, la place Catinat aussi. Dans des endroits comme ça, on savait qu'on pouvait rencontrer des gens de la mouvance HipHop. Après des soirées tag étaient organisées, des soirées HipHop ont commencé à se mettre en place dans les maisons de quartiers. Ce n'était pas une musique qui faisait peur comme c'est le cas actuellement, et il n'y avait pas de violence en tant que telle, mais il y avait plus une concurrence entre les différents groupes, entre les différents taggueurs. C'était plutôt positif en même temps. Il y a eu bien entendu, comme dans toute chose, des petits conflits mais pas comme il y en a actuellement. A l'époque, c'était encore gérable.

Puis après, des structures se sont créées, comme l'ARA (Autour des Rythmes Actuels) qui a permis aux groupes de faire de la musique. Il y a eu un conseiller municipal qui a fini par s'intéresser à nous. Parce qu'un moment donné, l'administration s'intéresse à cette mouvance qui s'appelle HipHop et dont on ne connaît pas vraiment les objectifs et ce qu'ils font. Tout ce qu'on sait, c'est qu'il y a des plaintes et des particuliers qui sont dérangés par des attroupements de jeunes qui se réunissent dans les lieux publics et des

Pour moi, le rap c'était un passage. Beaucoup ont pensé à tort que j'espérais y faire carrière dans la musique. On ne peut pas tous être rappeur et moi, c'est pour cela d'ailleurs, que j'ai arrêté parce que je me suis dit, en tant qu'africain, on ne peut pas tous être rappeurs ou sportifs, il faut quand même qu'il y en ait d'autres qui soient présents dans différents secteurs économiques et dans différentes catégories socioprofessionnelles. Même si, ça nous a ouvert des portes.

graffitis sur les volets, les murs. Ce conseiller a essayé de nous connaître, de savoir qui était cette micro-mouvance, ce que nous faisons et ce que la mairie pouvait nous offrir en contrepartie d'une collaboration.

Est-ce que, vous-mêmes, vous vous connaissiez vraiment ? Votre lien c'était le HipHop, mais en dehors de cela, est-ce que vous saviez ce que l'autre faisait dans sa vie, d'où il venait, étiez-vous des amis?

En fait, dans le monde du HipHop, il n'y a pas d'amitiés. C'est comme dans le monde de la nuit maintenant, on va en boîte, tout le monde s'entend bien, tout le monde est content de se voir mais en fait, il n'a pas d'amitié, il n'y a pas de lien. On se moque de ce que la personne fait de sa vie. On ne connaissait même pas nos vrais prénoms. C'était très rare que quelqu'une t'appelle par ton vrai prénom, puisqu'il ne le connaissait pas de toute façon. On te connaît sous ton pseudo. On sait d'où tu viens, de quel quartier, dans quel coin tu habites, mais le vrai prénom, rien que ça, on ne le savait pas alors le nom !!!

Notre point commun, ce qui nous ralliait, c'était l'amour, la passion pour le HipHop. Quand on se voyait, on ne parlait que de ça. Effectivement au départ, on pense qu'on va se faire des amis. On se dit que grâce au HipHop, on rencontre des gens qui partagent la même passion. Il y a des affinités, mais sans plus, parce qu'en même temps, les choses ont très vite dégénéré. Je parlais de concurrence, et bien, la concurrence a créé des conflits entre différents groupes de Lille. Après, même au niveau du graffiti, il y a des gens qui tagguaient sur les tags des autres, l'entente n'a pas duré longtemps. Et puis en même temps, à l'époque, - bon, cela existe encore maintenant sauf que maintenant ça va beaucoup plus loin dans la violence -, il y avait beaucoup de malentendus, qu'on te disait que quelqu'un t'avais critiqué, il fallait aller régler son compte à la personne. Il fallait se faire respecter, il ne fallait pas se faire marcher dessus.

Tu as commencé tardivement, mais une fois

devenu acteur, l'ascension a été rapide, les scènes sont vite arrivées, les mixtapes se sont développées. Comment expliques-tu le fait que tout soit allé très vite pour toi ?

Parce qu'à l'époque, il y avait, effectivement un intérêt des municipalités pour cette musique, je pense qu'il y avait aussi des subventions allouées pour cela. C'était beaucoup plus facile pour faire des concerts ou démarcher des mairies, puisque quelque part, ils ne connaissaient pas. Je dirai que maintenant, ils prennent un risque. Alors qu'à l'époque, c'étaient des jeunes qui venaient et proposaient quelque chose et on leur donnait les moyens d'y arriver. Même au niveau des média, c'était plus facile, ils s'intéressaient à quelque chose qu'ils ne connaissaient pas. C'est d'ailleurs comme ça que j'ai animé une émission de radio. On nous donnait l'opportunité de nous exprimer. Et puis, nous étions aussi tout le temps à la recherche de plans : comment faire pour « graffer » à tel endroit ? Comment faire pour faire un concert à tel endroit ?

Il y a beaucoup plus d'opportunités aujourd'hui, parce qu'il y a beaucoup plus de groupes et beaucoup plus de structures. Mais à l'époque, avec le peu de structures qu'il y avait, ce n'était pas beaucoup plus facile, mais on arrivait quand même à faire des premières parties de groupes, ce qui ne se fait plus ou presque plus maintenant. A l'époque, il y avait des festivals avec tous les styles de musique dont le rap. Alors que maintenant, dans un festival Rock, il n'y aura pas spécialement de groupes de rap présents. Avant, il y avait aussi beaucoup de concerts gratuits en plein air, chose qui existe moins aujourd'hui. Maintenant quand ils font des concerts en plein air, c'est avec des grands groupes, des têtes d'affiche. A l'époque, on faisait en même temps appel aux groupes locaux, sûrement pour drainer le public local.

Vers 1990 ou 1991, il n'y avait pas beaucoup de groupes de rap. Mais il y avait une émission à la radio sur Fréquence Nord (aujourd'hui France Bleu Nord), qui s'appelait « Black, blanc, beur ». C'est comme si aujourd'hui, France Bleu faisait une émission de rap. C'est impensable. A l'époque, il y avait donc à Lille, Sylvère-Henry Cissé, qui animait cette émission de rap, tous les jours pendant 45 minutes et qui faisait venir des grands groupes comme NTM, IAM mais aussi des groupes locaux. Il a pris contact avec des éditeurs, il y a eu un livre qui est sorti, « Rap en Nord » avec les biographies et les textes de groupes de rap. Donc, à l'époque, c'est surprenant, mais il y avait beaucoup d'intérêt pour cette culture. Parce que c'était nouveau, et certainement aussi parce qu'il n'y avait pas encore cette relation Rap et Violence. Contrairement à maintenant, où on a l'impression de prendre un risque, le rap ne faisait pas peur, à l'époque, on laissait la part belle à cette nouvelle musique, qui intéressait beaucoup les jeunes même si c'était encore flou. En même temps, il y avait des associations qui se créaient au sein des mairies, des ateliers de rap, de danse étaient mis en place.

Est-ce que vous vous êtes dit à un moment que vous n'étiez pas prêts ou est-ce que vous vous êtes jetés sur les occasions sans réfléchir ?

On ne se posait pas la question de savoir si nous étions prêts ou pas. On répétait avant et une fois que nous étions satisfaits de notre répétition, on montait sur scène. Les portes étaient ouvertes et on saisissait toutes les opportunités. Dès qu'il y avait un plan concert, on contactait la personne et on répétait en conséquence, on essayait de faire des trucs différents à chaque fois. On croyait en nous, on avait cette force-là. On fonçait. On a appris le jeu de scène en regardant les autres, on se basait sur tout ce qu'on voyait. Un exemple, j'ai une fois refusé de faire un atelier proposé par l'ARA. Si on voulait prendre des heures de sampling pour pouvoir créer nos morceaux, on était obligé de prendre des séances de chorégraphies, enfin des ateliers pour apprendre à se mouvoir sur scène avec notamment Farid Berki, qui est devenu aujourd'hui un chorégraphe connu et reconnu dans le monde entier. J'avais refusé et maintenant, je suis content d'avoir accepté. Parce que j'ai finalement accepté et il m'a appris beaucoup de choses. Parce que nous savions nous exprimer avec les mots mais pas avec les gestes. Et il m'a appris cela par exemple. Cet atelier d'expression scénique a

On investissait notre temps, notre argent, et notre réputation. Je me suis investi pour les autres, pour l'amour du HipHop. Aujourd'hui, beaucoup ne peuvent pas comprendre cela. Maintenant les gens investissent pour se faire un bénéfice personnel.

été nécessaire et bénéfique.

Etant donné que vous étiez devenus des références dans la région, est-ce qu'à un moment donné vous vous êtes dits qu'il y avait une carrière qui s'annonçait ?

A l'époque, on se disait qu'il fallait nous imposer dans notre région avant tout et ensuite, on allait tenter le niveau national. Mais on s'est vite rendu compte que nous ne pouvions être de que des « stars locales ». Toucher la scène parisienne, c'était le rêve mais c'était aussi de l'ordre de l'impossible. Faire un concert à Paris, je ne pense qu'il y ait des groupes de région qui aient réussi à en faire... On pouvait faire des concerts dans d'autres régions de France. Mais l'objectif était quand même régional.

Je ne pourrai pas dire précisément pourquoi mais, ne serait-ce qu'en terme de niveau quand même, on s'estimait avoir un niveau inférieur à ceux des parisiens, qui étaient, selon nous, toujours en avance au niveau du style, de la calligraphie, de la présence sur scène, etc. En fait, on avait très vite compris qu'il y avait deux pôles HipHop en France, au Nord, Paris et dans le Sud, Marseille.

On espérait peut-être avoir un contact avec des parisiens lors des premières parties. Mais, je pense que la désillusion s'est très vite faite. Parce qu'on prenait contact, mais ils ne nous rappelaient pas. On a vite compris.

Vous étiez dans une illusion de carrière finalement?

On se considérait effectivement comme amateurs. Nous n'étions pas dans l'optique actuelle d'en faire un métier, d'en vivre et d'espérer en faire une carrière professionnelle. C'était vraiment un Hobby, un passe-temps comme d'autres font du sport. Notre truc, c'était nous exprimer à travers le HipHop, quitte à sacrifier les autres loisirs et pour certains leurs études. C'était le passe-temps principal, mais personne ne s'imaginait que plus tard certaines personnes en vivraient, et encore, je ne sais pas s'il y en a tant que ça qui vivent actuellement du HipHop. Et puis quelque part, aussi, ce n'était peut-être pas autorisé. Il ne fallait pas être commercial, il fallait rester underground. Il ne fallait pas devenir un vendu et embrasser une carrière commerciale. Ce qui explique que nous n'étions pas très ambitieux à ce niveau-là. Dans mon cas, je ne voulais pas faire du rap toute ma vie, ce n'était pas mon ambition, je ne me voyais pas être venu sur terre pour faire du rap toute ma vie et embrasser une carrière artistique. C'est pour cela que j'ai continué, en parallèle, à faire des études. J'ai persévéré dans les études et ai réussi à obtenir un Bac+4.

Est-ce que vous vous rendiez compte, à l'époque, que vous étiez dans un monde à part ?
Oui. On voyait les autres d'un autre œil, on était dans un monde parallèle, le monde du HipHop. Un monde qui savait tout. On savait pourquoi la société ne marchait pas en fait. On n'avait pas les réponses, mais on critiquait. Notre rôle était de critiquer. Critiquer les bourgeois, critiquer les autres artistes, critiquer l'administration, critiquer le pouvoir… On faisait part du profond malaise qui existait mais on n'apportait rien. On n'apportait pas de solutions. C'était juste, c'est nul, c'est pourri, voilà. On faisait des constats aussi… Avec le recul, le mot est fort, le monde HipHop c'est comme une secte. Sauf qu'il n'y a pas un guru, il y en a plusieurs, et après de soi-même, on va « prêcher » la bonne parole, et recruter des adeptes pour dire voilà, « ouvre tes yeux », un peu comme on fait dans certaines religions. On est là et on sait tous mieux que les autres et il nous faut recruter le maximum d'adeptes, il faut sensibiliser les autres parce qu'on est sûrs de nous, et on a des appuis, des supports, qui étaient des supports phonographiques : les grands groupes de rap étaient des prêcheurs.

Quand on est dans ce monde HipHop, il y a aussi la vie qui avance d'un autre côté, il y a l'école, la famille, est-ce qu'avant le temps, tu as réalisé que tu laissais filer plein de choses ? Les cours, les amis ? Est-ce que tu n'étais pas dit que tu étais en train de dériver dans

un monde que tu ne connais et d'un autre côté tu es en train de perdre le fil de la vie ?

Exactement, moi, j'ai perdu des amis qui étaient avec moi au lycée, enfin, je ne les ai plus fréquenté parce qu'ils regardaient le HipHop d'un mauvais œil et parce que je voyais qu'on n'avait plus d'affinités du tout en fait, rien qu'à cause de la musique. Au lycée, au départ, je fréquentais tout le monde, et après je ne traînais plus qu'avec ceux qui partageaient la même opinion que moi, par rapport à tout ce que j'avais critiqué, et qui écoutaient les mêmes musiques que moi. Donc après, on coupe les liens avec les autres. On devient un rebelle comme il y a des rebelles dans d'autres styles de musique. On a toujours raison, on est sûr de soi.

Les études, et bien voilà, comme les profs sont tous des cons, tout le monde le pense, mais là on le pense encore pire. En plus quand on est basané, on se dit, celui-là en plus, il est raciste. C'est ce qu'on nous dit finalement, on reprend les paroles des artistes qui nous disent qu'il n'y a pas de place pour nous dans la société dans laquelle on vit. Quand on est étranger, il n'y a pas de place, il va falloir se battre beaucoup que les autres et en plus, on va se battre pour rien, parce qu'au final, on sera toujours des marginaux, des exclus. Donc après, ce n'est pas bon de fréquenter celui qui ne pense pas ça, parce que dans ce cas-là, il devient notre ennemi en fait. Et l'éducation nationale devient aussi un ennemi. Et puis comme on est toujours en train de répéter et de faire du rap, ça devient la priorité absolue, et les études, on y consacre beaucoup moins de temps. Avec le recul, je me rends compte que j'ai perdu beaucoup de temps par rapport aux études, parce que je pensais plus à la musique. De toute façon, on nous dit qu'on va à l'école pour rien. Bon, c'était le sentiment que j'avais, par rapport à certains textes de rap. « Fais du rap, on ne sait pas pourquoi, mais fais du rap, rejoins nous, et critique avec nous ». Enfin, je caricature, on espérait changer les choses, changer la société. Mais on n'avait rien à proposer. En fait, je pense que nous ce qu'on souhaitait c'était que les politiciens écoutent nos discours et qu'en fonction de nos discours, qu'ils changent quelque chose, ce n'était pas notre

Il y avait à l'époque un code vestimentaire. On se reconnaissait par la tenue vestimentaire. On n'était pas nombreux. On se rencontrait dans les disquaires par exemple, à la FNAC, pour ne pas la citer, par exemple, dans le rayon HipHop. C'est comme ça qu'on se parlait, tu prends un disque, tiens, qu'est-ce que t'en penses ? C'est comme cela que les contacts se nouaient.

métier d'apporter des solutions, nous étions juste porte-parole des jeunes, et on était là pour refléter la vie telle qu'elle était. C'était de l'utopie. On voulait que le monde soit changé grâce aux doléances des rappeurs.

Donc au niveau des études, on s'y investit beaucoup moins, quand on ne laisse pas tomber. Au niveau des fréquentations, on ne fréquente plus trop les mêmes personnes et de toute façon les autres personnes vous fuient parce que vous êtes un rebelle. Elles préfèrent ne pas trop traîner avec vous, vous êtes un rebelle et puis ce n'est pas bon, les rebelles, c'est mal vu d'être avec les rebelles. On s'auto-exclut d'abord, et après on est exclu, montré du doigt après, de toute façon.

La famille ? Elle ne comprend pas trop. J'ai beaucoup tenté d'expliquer les choses. A tout le monde, j'ai tenté d'expliquer les choses, les gens comprennent mais sans plus. La plupart des gens sont d'accord avec notre raisonnement, mais ils ne vont pas nous aider ni venir se battre avec nous, ni se rebeller avec nous contre la société. D'ailleurs, on a souvent été parodié par rapport à ça, on n'était jamais contents, on était toujours en train d'estimer qu'il n'y a rien qui allait. Alors que maintenant, avec le recul, on se rend bien compte qu'il y a une place pour les gens d'origine étrangère, et même si c'est vrai que le racisme existe et qu'il faut peut-être se battre un peu plus, il y a des places, peut-être pas pour tout le monde, mais il y a encore des choses à faire. Bien entendu, je ne dis pas que les gens qui font du rap maintenant sont en train de se voiler la face, non ils peuvent changer les choses. Mais ça va se faire progressivement, et surtout il ne faut pas le faire au détriment de sa propre vie. Il faut continuer à construire quelque chose et garder bien ses objectifs en tête, et au niveau professionnel avoir une finalité, un projet professionnel en fait. Tout ce que nous nous n'avions pas. Dans mon cas, moi, je savais, et c'est ce qui m'a, à mon sens, créé beaucoup de discordes avec les gens – on ne sait pas qui ils sont ces gens mais on dit toujours les gens.

C'est-à-dire que moi, j'ai toujours fait du rap comme loisir. Je ne fais pas de sport. Ce n'est pas que je déteste ça mais pour moi, le sport ne servait à rien. Pour moi, le sport, c'était le rap.

Mais j'ai toujours gardé en tête mon objectif. Mon objectif était de toute façon de réussir ma carrière professionnelle, de devenir quelqu'un...

Au départ quand on est beaucoup plus jeune, on critique, on critique mais on n'a pas de projet professionnel. Après on se dit mais si, justement, il faut que je prouve aux autres, que le rap n'est pas une finalité en soi, c'est une étape et l'étape finale, c'est l'accomplissement de sa vie professionnelle et sociale. Après, il faut quand même construire sa vie. C'est pour cela que j'ai continué les études. Pour moi, le rap c'était un passage. Beaucoup ont pensé à tort que j'espérais faire carrière dans la musique. On ne peut pas tous être rappeur. Et moi, c'est pour cela d'ailleurs, que j'ai arrêté parce que je me suis dit, en tant qu'africain, on ne peut pas tous être rappeurs ou sportifs, il faut quand même qu'il y en ait d'autres qui soient présents dans différents secteurs économiques et dans différentes catégories socioprofessionnelles. Même si ça nous a ouvert des portes. Des gens comme Michael Jordan et Michael Jackson ont donné une bonne image de l'homme noir, c'est bête mais grâce à des personnalités comme ça, les gens ont fini par mieux nous accepter en tout cas, nous regarder différemment. Mais on a voulu qu'on soit tous des clones de Michael Jordan ou de Michael Jackson. Alors qu'en fait non, on peut aussi vivre « normalement ». Il n'y a pas de raison que les étrangers, qui vivent en France, restent tous dans les quartiers dans lesquels on les a mis et qu'ils vivent comme on veut que les étrangers vivent. Justement, je voulais casser cette image. C'est pour cela que je me suis dit, le rap, c'est bien beau mais non, le rap, ce n'est pas ma vie.

Mais qu'est-ce que le rap t'a apporté en fin de compte ?

Ce que le rap m'a apporté ? Une capacité à bien analyser les choses et à m'intéresser à la politique parce qu'en général, un rappeur est bien au courant des lois ou des décisions politiques... Le rap m'a aussi apporté une grande oreille musicale parce que quand on fait de la musique, on s'intéresse à différents styles de musiques, donc on écoute beaucoup de choses, à tort au début puisque tout le monde se moque de vous, après les gens finissent par réfléchir et se disent qu'après tout, le rap se construit avec toutes les musiques du monde en fait. Le rap permet aussi de mieux comprendre les gens mais par contre, ça crée aussi énormément de conflits avec les gens. On est constamment en conflit avec les gens, parce qu'il y a beaucoup de jalousie dans le rap. C'est comme dans la vie, mais on le découvre beaucoup plus tôt, parce qu'on fait des choses et on se rend compte qu'on nous met des bâtons dans les roues et que justement la jalousie a une place importante dans ce milieu-là du fait de la concurrence. Les conflits parfois deviennent des guerres... D'un côté, c'est bien, parce qu'aujourd'hui avec le recul, quand je rencontre des gens avec qui j'étais soi-disant en conflit, il y a quelques années, avec l'âge, on se sert la main et on se parle comme jamais on l'aurait fait avant. Parce que, quelque part à l'époque, on avait tout intérêt à ne pas être en paix avec notre ennemi puisque les gens autour de nous créaient des problèmes avec d'autres personnes qui n'existaient pas d'ailleurs... Je pense justement que le rap m'a appris à être un homme de dialogue avant tout et de ne plus écouter les « on dit », parce que dans ce milieu-là, ça n'arrête pas de balancer, on le voit encore aujourd'hui, ça doit être aussi vrai dans les autres styles de musique, mais je n'en sais rien... mais comme je l'ai dit, c'est la vie qui est comme ça. Mais dans le rap, on l'apprend plus vite, comme il n'y avait pas beaucoup d'artistes reconnus, il y avait un petit show-business dans les villes, il y avait les petites stars du rap dans chaque ville, on aurait pu créer un journal de potins et de ragots tellement il y avait des « on dit », « untel a fait ça », « untel a dit ça »... Très tôt avec le rap, on fait un apprentissage de la vie.

Est-ce que tu considères le rap comme étant un monde à part, ou est-ce que, pour toi, il s'agit juste d'un condensé de la vie ?

Moi, j'en ai fait un monde à part, parce que, avec le recul, je me suis rendu compte que les paroles du rap sont rarement des paroles qui incitent les jeunes à s'instruire... Il commence

"

Notre truc, c'était nous exprimer à travers le HipHop, quitte à sacrifier les autres loisirs et pour certains leurs études. C'était le passe-temps principal, mais personne ne s'imaginait que plus tard certaines personnes en vivraient, et encore, je ne sais pas s'il y en a tant que ça qui vivent actuellement du HipHop. Et puis quelque part, aussi, ce n'était peut-être pas autorisé... Il ne fallait pas devenir un vendu et embrasser une carrière commerciale.

à y avoir de plus en plus de groupes mais ça a mis du temps avant que les artistes incitent les jeunes à s'instruire. On incite plus les gens à être en conflit avec les autres, en conflit avec son voisin, parce qu'il est différent, parce qu'il a plus d'argent, en conflit avec l'éducation nationale, en conflit avec le pouvoir, en conflit avec tout le monde en fait, et après, ça génère des vrais conflits parce qu'au départ, ce sont juste des paroles après ça se matérialise vraiment... On n'incite pas assez les gens à s'instruire, c'est ce que j'ai déploré... Il y a beaucoup de gens qui sont restés encore dans cette tendance à aller tout de suite vers l'affrontement plutôt que de chercher à dialoguer. Il y a beaucoup de gens qui ne sont pas encore suffisamment matures et n'ont pas encore assez de recul pour comprendre que dans la vie, on ne peut pas être constamment en conflit, et si on est conflit, on doit essayer de s'y en sortir de manière constructive. On voit bien que toutes les grandes puissances ne s'entendent pas toujours mais cela n'empêche pas qu'ils dialoguent, qu'ils mettent en place des cadres de discussion pour trouver des solutions aux conflits. Mais dans le rap, quand tu fais ça, tu es « une pute ». Parce que tu ne peux pas parler, tu dois aller à l'affrontement. Tu ne peux pas te rabaisser à aller discuter avec ton adversaire, tu dois le frapper. Du coup, je pense que le rap n'incite pas les jeunes à la maturité, à passer du cap de l'adolescence à l'homme. Malheureusement, le rap qui « instruisait » les gens n'a pas été beaucoup écouté, ce n'est pas celui qui s'est le plus vendu, ce n'est pas celui qui s'est le plus répandu. Voilà pourquoi, j'ai tendance à dire que le rap abrutit beaucoup de gens, et il m'a abruti moi aussi malheureusement. Mais il faut savoir, à un moment donné, prendre du recul et sortir de cette mouvance. Il faut fréquenter d'autres gens pour s'en rendre compte, mais beaucoup de gens ne s'en rendront peut-être jamais compte, d'autres, bien tardivement.

Quand as-tu décidé de laisser tomber le rap ?

Cela s'est fait progressivement, mais l'idée était déjà présente dans la tête parce qu'à un moment donné, le rap ne va plus de pair avec la carrière professionnelle que je veux embrasser, il ne va plus de pair avec les études parce qu'il faut s'investir énormément dans le rap. En plus, on est en conflit constamment et en même temps, quand vous êtes avec vos collègues de travail, vous ne voulez plus rencontrer les gens avec qui vous êtes en conflit. Je n'ai peut-être pas rencontré les bonnes personnes, sans doute. Parce qu'il y a eu, dans le HipHop, pas mal d'intrusion de gens qui n'étaient pas dans le rap pour faire avancer les choses, mais qui étaient là juste parce que ça faisait bien d'être dans le rap. A un moment donné, le milieu était infesté par des parasites, il y a eu des gens qui sont venus dans le HipHop et qui n'ont même pas cherché à savoir ce que c'était. Il y a eu des « pseudo-rebelles », ensuite il y a eu les « bourgeois » qui sont venus, j'utilise encore ces termes aujourd'hui. Je catégorise les personnes : toi tu es un bourgeois, tu es comme ceci, toi tu es comme cela. J'ai pris l'habitude de classer les gens par leur style de musique, leur origine sociale, leur origine ethnique, etc. Ce genre de raisonnement, à un moment donné, ne va plus de pair avec notre vie de tous les jours, parce qu'après, on est vite démasqué par les autres. Parce que lorsqu'on s'exprime devant ses collègues de travail, je devais faire attention.

Un jour, je me suis laissé aller et un collègue de travail m'a dit « t'as parlé comme un mec de banlieue ». Et puis, les gens de banlieues sont des gens qui sont mal vus. C'est pour cela que je fais toujours attention à la manière dont je m'exprime maintenant. Parce que l'image du rap est devenue tellement négative, tellement néfaste qu'il ne fait pas bon d'être catalogué de rappeur, et puis ce n'est même pas bon aujourd'hui d'être catalogué de quelqu'un qui fait partie de la mouvance HipHop parce qu'on est montré du doigt et pas de manière positive. Même s'il y a des parasites partout, et même si le collègue de travail est la pire des ordures...

Dans le monde du travail, mieux vaut se taire sur certaines périodes de sa vie. Les média sont pour beaucoup dans l'image négative que le HipHop a... Les gens avalent tout ce qu'ils voient à la télé et ne font pas la part des choses, ils ne vont pas chercher plus loin. Ensuite, il y a eu un amalgame entre les lascars et le rap. Et dans le monde du travail, il faut faire attention. C'est sûr que ça dépend du secteur d'activité. Dans mon domaine, l'éducation et la formation, il vaut mieux être discret sur cela.

Pourquoi as-tu décidé d'arrêter, puisque de toute façon, pour toi, ce n'était qu'une sorte de hobby et que tu ne comptais pas faire carrière dans le rap ?
Parce que c'est un public de plus en plus jeune, et à un moment donné, on a envie d'évoluer et d'en sortir. Parce qu'on se rend vite compte que le rap abrutit. Ce rap n'incite pas à devenir quelqu'un dans la vie, à construire une vie de famille, à avoir une situation professionnelle stable.

Au niveau de la musique, le HipHop est un truc qui ne pousse pas quelqu'un à avoir un métier en fait, « c'est reste dans le HipHop, parce que de toute façon, il n'y a pas de place pour toi, dans cette société ». Je me suis rendu compte que c'était un milieu qui poussait plus à l'exclusion qu'à « l'intégration ». Et puis, les questions de violences et d'immaturité surtout m'ont poussé vers la sortie. Parce qu'on reste immatures pendant très longtemps. De par les textes de musique qui ne poussent pas la jeunesse à s'instruire, à se construire. A un moment donné, je ne me reconnaissais plus à travers cette musique. Et puis, il y a eu aussi une mouvance qui privilégiait la technique au contenu, la forme sur le fond. Et puis l'âge avance, il faut penser à soi aussi, plutôt que de donner, de sacrifier sa vie pour le HipHop, parce que c'était un peu cela qu'on faisait.

Ce revirement de situation, c'était quand ?
Vers 1999, 2000. C'est vrai que cela coïncide avec l'explosion du rap français. Mais, c'est un peu lié, justement. Il se trouve que je me suis beaucoup impliqué dans cette culture. J'avais une émission de radio, j'ai publié un magazine, j'ai aussi organisé des concerts. Et plus on s'investit, plus on se fait des ennemis. Cela crée des jalousies dans la micro-mouvance HipHop. Mais surtout, on ne se rend pas compte qu'en faisant ces choses-là, on touche aussi des structures locales bien établies. Moi, sans le savoir, j'ai fait

concurrence à une salle de concert qui s'appelait l'Aéronef, et à un directeur artistique, Manu Barron. On avait tendance à se sous-estimer alors qu'on avait une certaine reconnaissance et un certain poids. C'est pour cela qu'on se faisait piquer des plans concerts ou des projets qu'on mettait en place. Les artistes qu'on invitait ne répondaient plus présents, les artistes ne venaient pas et on nous en envoyait d'autres. Et puis les artistes que vous vous avez sollicité allaient à l'Aéronef pour un cachet beaucoup plus élevé, et vous, vous passez pour celui qui a voulu berner toute une ville. Ce qui est absurde. Cela devenait trop vicieux pour moi. On avait quitté le stade amateur et tout était devenu business. Il y avait de la concurrence, des contrats. Avant, il y avait une relation de confiance. Mais, après c'était fini, il fallait acter chaque décision, et puis l'argent est entré en jeu. Une fois que l'argent est entré, on joue dans la cour des grands, et là, il faut être armé. Les grands, malheureusement, sont des gens qui ont été formés pour faire des magazines, organiser des concerts, ils ont le sens du contact professionnel, alors que nous, nous l'avions à un niveau amateur. On pouvait facilement se faire berner par des gens dont c'était le métier.

Moi, j'ai mis mes propres deniers dans le HipHop, j'ai été endetté pendant des années auprès de ma banque. Les gens disent que Reginald a voulu se faire de l'argent, qu'il a voulu faire du business. Alors que moi, j'avais encore cette mentalité old school. J'étais en confrontation avec des jeunes, qui, eux, pensaient que je voulais me faire de l'argent sur leur dos. Pour nous, tout était réinvesti.

On investissait notre temps, notre argent, et notre réputation. Je me suis investi pour les autres, pour l'amour du HipHop. Aujourd'hui, beaucoup ne peuvent pas comprendre cela. Maintenant les gens investissent pour se faire un bénéfice personnel. Maintenant, pour entendre des sons HipHop, il suffit d'aller dans des cafés ou des bars qui passent de la house, etc, ils vont bien mettre un petit quart d'heure de HipHop ou de R&B mais à l'époque, pour entendre du HipHop ou du R&B, il fallait soi-même organiser des choses, pour qu'on puisse danser sur notre musique, il fallait qu'on organise nous-mêmes nos soirées.

De manière générale, qu'est-ce que le HipHop t'a apporté ?

Etant donné que je suis devenu enseignant formateur, je dirai que le HipHop m'apporté des choses qui me servent aujourd'hui dans mon expression écrite et orale. A l'époque, on essayait d'avoir un langage, pas soutenu, mais pas un langage de rue, il fallait impressionner dans son expression. On ne s'exprimait pas avec le langage de la rue. On avait des dictionnaires, on s'instruisait, on cherchait le sens des mots. Parce qu'on ne voulait pas se faire piéger. Et puis le rap était utilisé pour s'instruire et on voulait s'instruire. Ensuite, le HipHop m'aide aussi dans la réalisation de projets. Lorsque je dois monter un projet de voyage avec mes étudiants, par exemple, mais je pense que le HipHop a dû en aider beaucoup dans la création d'entreprise aussi, puisque pas mal de gens issus du mouvement ont créé leur entreprise. Cela nous a aidé parce qu'à l'époque, comme personne ne voulait mettre en place des projets pour nous, on le faisait nous-mêmes. On allait rencontrer des structures, des entreprises, des institutions et on nous demandait de faire des budgets, et on a appris à faire des budgets, à exprimer clairement nos demandes, à rédiger un plan, en montant ces projets.

Maintenant, dans notre vie professionnelle, c'est un acquis. Il y a des gens qui ne l'ont pas appris, d'autres, l'ont appris en cours, mais nous, nous avions déjà cette formation. On a appris à négocier, à démarcher des entreprises, à tenir des entretiens, à défendre nos idées et projets. Ces choses-là m'ont énormément servi dans ma vie professionnelle et continuent de le faire. C'est simple, moi, mon stage de licence a été validé dans l'association HipHop dont j'étais président et le stage, c'était la gestion de mon magazine. Le HipHop apporte énormément au niveau professionnel.

De manière générale, j'ai gardé l'esprit HipHop. Et c'est la partie la plus riche du HipHop. Il y a un certain état d'esprit qui reste et qui, malheureusement, peut aussi jouer des tours mais mine de rien, cela aide beaucoup dans le milieu professionnel et dans les relations sociales. Parce que, pour moi, l'esprit HipHop, c'est « paix & unité », l'esprit Zulu Nation...Un exemple ? En tant que professeur, je suis en contact régulièrement avec des jeunes. Quand on est jeune, on est rebelle, on est justement toujours en confrontation avec ses camarades, avec les enseignants. J'arrive, sans leur parler de ma propre expérience, à leur inculquer cette démarche de non-violence. Je pense que si je n'avais pas été animé par l'esprit HipHop, je n'aurai pas réussi à gérer les nombreux conflits entre élèves. Parce que moi, je me serai mis en conflit avec eux. Je me suis dit, même s'ils se sont battus, il ne faut que je sois en conflit avec eux, il ne faut pas que je sois celui qui les envoie pour se faire punir. Parce qu'après, ils auraient été tous les deux contre moi. Je leur ai expliqué la gravité de leur acte et pourquoi ils devaient être punis pour cela tout en faisant en sorte qu'ils ne vous en veulent pas. En plus, ce sont des jeunes qui écoutent du rap, c'est encore pire. Mais du coup, avec ce côté HipHop, et j'écoute toujours du rap bien entendu, j'ai parlé à des jeunes qui écoutent du rap. Et il y en a un qui m'a dit « vous, quand vous étiez étudiant vous auriez fait la même chose ». J'ai répondu oui, bien sûr, alors que normalement, j'aurai dû dire non, parce que quand on est adulte, on doit toujours paraître comme un surhomme. A la suite de cet incident, tout s'est très bien passé et même juste après que je leur ai expliqué les choses, on a commencé à parler de rap, ce qui n'avait rien à voir. C'était deux jeunes qui venaient de se battre, le prof intervient, vous êtes puni, ça s'arrête là.

Aujourd'hui, qu'est-ce qui rend optimiste pour le HipHop ? Il y a –t-il des choses qui font dire, je suis fier d'avoir fait partie de ce monde-là ?

Il ne faut pas se leurrer. Ceux qui étaient dans le milieu HipHop à l'époque, étaient essentiellement des jeunes issus de l'immigration. Et ce qui me fait plaisir, c'est de voir que certains ont réussi à en vivre, à créer des structures, des magasins, des médias... Ce qui me fait plaisir c'est de voir que le HipHop est enfin reconnu. Ce n'est plus underground.

Nous étions les premiers à faire un magazine HipHop gratuit sur Lille, quand je vois qu'aujourd'hui, il y a beaucoup de médias et magazines gratuits, ça me fait plaisir. Parce qu'à l'époque, on me prenait pour un fou, on me disait « mais non, fais-toi un bénéfice... »

Ce qui me fait plaisir, c'est que le HipHop ne se limite plus à une population immigrée. Ce n'est plus un phénomène de mode. Il s'est installé dans la continuité et a influencé des artistes et d'autres personnes dans d'autres domaines comme la pub, le design, le cinéma. Ce qui me désole, c'est que mon mouvement a été récupéré par des gens beaucoup moins impliqués dans la culture HipHop.

TOUT N'EST PAS SI FACILE

MOURAD SENOUCI (CALL 911)

Comment professionnaliser le HipHop au niveau régional ?

Au début des années 2000, Call 911, une association lilloise spécialisée dans la culture HipHop s'est distinguée. Pendant près d'une décennie, Call 911 a montré un des chemins à suivre pour l'indépendance et la professionnalisation du HipHop mais aussi pour le développement de cette culture au niveau local et dans une perspective nationale. En 2002, Mourad Senouci, son fondateur, exposait sa vision et sa stratégie.

VHH: Qu'est-ce que Call 911 ?
Mourad Senouci : Call 911 est une association HipHop. Qu'est-ce qu'on entend par association HipHop? C'est une structure qui sert à promouvoir des projets. Call 911 travaille sur 4 secteurs d'activité. Le premier secteur d'activité, c'est que Call 911 est un label musical, en statut associatif, en devenir.

La deuxième chose, call 911 est une structure qui organise des stages de HipHop. On travaille toutes les disciplines, la danse, le graffiti, les platines, le MCing, l'écriture, la MAO, tout ce qui est en rapport avec la culture HipHop. On fait ça dans toute la région. On fait beaucoup, beaucoup de stages, ce qui nous sert pour financer d'autres projets qui sont, par exemple, le label.

Troisième chose, on est une structure qui fait de l'évènementiel, qui organise des évènements. Donc soit on organise seul ces évènements, soit on collabore avec d'autres structures pour organiser ces évènements, comme les HipHop Dayz avec Le RIF (association Rock In Fâches). On peut collaborer avec des gens pour mettre en place des évènements, mais en général, ce sont toujours des évènements autour de la culture HipHop. On nous appelle plus pour le côté, « on connaît le public, on connaît l'organisation, etc. »

Et la dernière chose, c'est qu'on est une structure de management. On a quelques artistes qui sont chez nous, et qu'on voudrait pousser par le biais du label. Donc ça veut dire qu'on leur trouve des dates pour les concerts, on s'occupe de leur payer le studio, on s'occupe de les faire maquetter, de leur donner tous les moyens nécessaires pour qu'ils puissent aller plus loin dans leur carrière artistique. On commence vraiment à mettre en place une vraie logique de développement de carrière, chose qu'on ne faisait pas, il y a encore un an ou deux.

Pourquoi avoir choisi de vous développer autour de ces 4 axes?

En fait, c'est très simple, Call 911 quand on a débuté, on partait sur l'idée d'un label, dès le départ. Le problème est que pour faire un label, il faut des moyens. Et comme on ne voulait pas se baser exclusivement sur des systèmes de subventions, genre Défi Jeunes, tout ça - qu'on a été cherché quand même - il fallait absolument qu'on ait, à un moment, une activité qui ramène aussi de l'argent pour pouvoir financer des labels, parce que ça coûte cher. On a dû absolument partir sur une logique de prestation de services, pour pouvoir faire rentrer de l'argent. C'est pour ça qu'on est parti dès le départ sur des ateliers. À cela, s'est joint aussi le côté évènementiel, parce que ça nous intéresse, parce que l'évènementiel c'est important aussi. Et puis finalement, on s'est retrouvé à faire de l'évènementiel, des stages et en fin de compte, le label n'a pas démarré aussi vite que prévu. Parce qu'il a fallu mettre toute une infrastructure, qui nous permet aujourd'hui d'aller dans tous les axes en même temps.

C'est ça aussi l'historique. Et puis, il y a aussi l'idée que, quand on a créé Call 911 en 2000, dès le départ, on voulait une structure, mais une vraie structure. C'est à dire quelque chose qui paie les salaires, qui paie le loyer, qui paie les frais d'équipements: acheter un sampler, produire un disque, etc. Il fallait qu'on ait une structure derrière. Donc, il nous a fallu du temps pour structurer Call 911. Et puis, une fois

"
Pourquoi on a orienté notre travail sur la professionnalisation? Parce qu'on voulait donner des repères aux activistes de la culture HipHop, qui sont souvent jeunes, et qui connaissent assez mal le fonctionnement des métiers du disque, ou comment produire un spectacle vivant, etc.

qu'on s'est structuré, on s'est dit et bien, tiens ces activités-là, de toute façon, il y en a qui sont rentables financièrement, et qui nous permettent de rentrer dans une logique un peu d'indépendance et de pouvoir sortir ce qu'on veut quand on veut sans demander aucune subvention à personne. C'est un peu ce qui nous arrive aujourd'hui. Aujourd'hui on est à même de dire, si on veut produire un spectacle, organiser un concert de HipHop ? On peut l'organiser. Sortir une mixtape ? On sort une mixtape. On veut aller en studio ? On va en studio. On ne s'interroge plus sur « est-ce qu'il faut demander à la ville ou à telle institution pour pouvoir le faire ». On est vraiment indépendant. Donc cela donne aussi une véritable indépendance en terme artistique.

Qui forme l'équipe de Call 911?

Aujourd'hui, on est une équipe de 4 salariés. Il y a DJ Datcom. Il est assez pointu sur tout ce qui est événementiel, organisation de soirées mais aussi mixtapes et il est en charge aussi de l'organisation des stages. Après, il y a Amor, qui est DJ aussi, qui lui est très pointu et compétent en terme de graphisme & multimédia. Il gère donc ces aspects-là. Moi, je m'occupe de la gestion générale. Et enfin il y a François, notre Monsieur Institution. Il a un profil de médiation culturelle et est plus intéressé par mettre en place des actions en direction des institutions.

Et puis ensuite, on travaille avec des intervenants extérieurs, des graffeurs, des danseurs, qu'on rémunère pour des stages et qui font tourner les activités de stages.

Vous vous adressez aux institutionnels, vous vous adressez aux jeunes, vous vous adressez aux partenaires privés. Comment vous gérez ces différents types de public, donc différents messages ? Vous n'avez pas le même langage en fonction du public auquel vous vous adressez?

Justement au début, ça nous paraissait impossible d'avoir tous ces discours-là dans une même structure. Mais, je dirai qu'on arrive à le faire, sans démago, sans mentir, en gardant une certaine crédibilité dans la rue, et en gardant une certaine crédibilité vis-à-vis des institutions. Ce qui me paraissait incompatible, il n'y a pas si longtemps. C'est à dire avoir un pied dans la rue, un pied dans les institutions ou même dans le business – parce qu'il y a la compatibilité entre « les jeunes de la rue » et les institutions, mais il y a aussi la compatibilité entre les institutions et le secteur privé. Nous, on arrive à avoir un pied dans les 3 secteurs. On vend de la mixtape, on vend de la prestation de services, donc on est comme une entreprise privée, on propose des services aux institutions, et on est bien reconnu vis à vis de ça. On est bien reconnu vis à vis des jeunes et du mouvement HipHop. Parce qu'on fait quand même beaucoup de choses pour ce mouvement.

On a une politique très large dans laquelle on n'est pas renfermé sur nous-mêmes et on travaille avec tout le monde. Donc ça peut être avec la scène nationale, mais aussi et surtout la scène régionale. Le fer de lance de ce qu'on fait, c'est avec la scène régionale. C'est ce qui fait que quand on organise un festival, on va toujours prendre des groupes qu'on n'a pas fait jouer avant, on fait tourner. Ce qui fait qu'il y a beaucoup de gens qui ont travaillé avec Call 911. Tu regardes les mixtapes, il y a 40 groupes. Les concerts, on a programmé je ne sais pas combien de groupes. Et quand on programme les groupes, on les respecte vraiment en tant qu'artistes. Ils ont toujours une fiche technique et un cachet d'artiste. Ils reçoivent un accueil professionnel et en même temps, on leur demande d'avoir un comportement professionnel et d'avoir une qualité professionnelle en termes de prestation.

C'est bien pour les artistes locaux, parce que souvent dans les concerts quand il y avait des artistes de Paris, nationaux et des artistes locaux, on ne payait pas les groupes locaux et on payait les groupes nationaux, alors qu'ils font à priori la même chose.

Et nous, on a toujours payé tout le monde. Bon, on ne paie pas tout le monde à la même hauteur. C'est normal. Un gars qui n'a jamais sorti de maxi, ce n'est pas comme un gars qui a fait disque d'or. Mais en même temps, ils sont toujours respectés. Je peux même te donner l'exemple d'un groupe de quartier qui s'appelle Satanas qu'on a fait jouer au Magic Boulevard : les gars ont 15 ans, ils ont été accueillis comme des artistes, fiche technique, ils ont un cachet d'artiste, ils ont été payés comme ils n'ont jamais été payés ! Le but pour nous c'est de dire : voilà, la culture HipHop ce sont des vrais artistes ! Il faut arrêter de rentrer dans le débat social. Ce n'est pas compatible. Et même temps pour être clair aussi, nous, on ne va pas non plus rester trop longtemps sur le côté institutionnel, parce qu'aujourd'hui, on a une vraie démarche de label indépendant. On fait beaucoup de promo, de com', on commence à être bien installé sur des réseaux parisiens, marseillais.

L'idée, c'est de prolonger l'axe Paris-Marseille pour arriver à Lille. Il y aura toujours de l'institutionnel par le biais de Call 911 l'association. Mais par exemple, si l'aspect label fonctionne bien, on passera forcément en structure privée. Parce que c'est un peu incompatible, tu ne peux pas faire du business dans une association et puis, il faut bien séparer les choses.

De la même manière, on promotionne des marques comme Korias, qui est une marque de vêtement, ou encore Royal Blunt, qui est une marque de cigares. Ce sont des gars qui sont chez nous, et eux sont sur des démarches complètement privées. On les aide en tant qu'association, parce qu'on est une association qui aide aussi les jeunes à porter des projets dans le HipHop toujours. Mais en même temps, on sait bien qu'il y a des limites. De toute façon, il ne faut pas oublier que Double H, Nouvelle Donne - il y a plein de labels comme ça en France - ont commencé sous forme d'association.

Tu sais, on est tous issus des couches sociales un peu défavorisées, je parle pour moi, et pour les gens autour de moi. On n'a pas de gens qui peuvent donner de l'argent derrière. A part les subventions, et encore, nous, en termes de subventions, on se débrouille bien. Parce qu'on fait beaucoup de prestations de service et s'il n'y avait pas ces prestations de service, on serait qu'une petite association qui ferait des petits trucs, qui attendrait qu'on lui donne ses 7500 euros de subventions, alors que nous on n'attend pas ça. Nous, on taffe

> On a programmé je ne sais pas combien de groupes. Et quand on programme les groupes, on les respecte vraiment en tant qu'artistes. Ils ont toujours une fiche technique et un cachet d'artiste. Ils reçoivent un accueil professionnel et en même temps, on leur demande d'avoir un comportement professionnel et d'avoir une qualité professionnelle en termes de prestation.

de notre côté pour faire rentrer l'argent dans nos caisses pour pouvoir, en toute indépendance, avoir nos projets.

Pourquoi call 911 ? Pourquoi ce nom, parce que dans le rap, on sait tous que 911 is a joke ?

Pourquoi Call 911 ? Parce quand on a créé Call 911, il y avait une urgence. Il y avait une urgence parce qu'on galérait, on en avait marre. Moi, ça faisait un moment, que j'étais dans le HipHop, je faisais des prods, l'autre rappe, l'autre danse, l'autre graffe, mais personne ne fait rien pour eux. On va voir une mairie, ils nous envoient bouler, on va voir le centre social, ils ne sont pas au courant de ce qu'est la culture HipHop. Donc à moment, il y avait une urgence, il y en avait ras-le-bol ! Donc cette notion d'urgence, on voulait la mettre dans le nom de l'association qu'on allait créer... Police 17, ça ne collait pas trop et puis Fuzi qui était là, dis : et pourquoi pas Call 911 ? Justement, il se rappelait du morceau Public Enemy. Et puis voilà, on est parti dessus.

Après Call 911 ? Un téléphone, tiens on n'a qu'à mettre un téléphone portable et hop, on avait notre logo, on avait notre concept. L'urgence, elle existe toujours, ça fait 3 ans qu'on existe et il y a toujours aucun groupe (ndlr : régional) qui a percé au niveau national, les artistes de la région ne sont toujours pas reconnus. Il n'y a pas de vrais labels, il commence à avoir une structuration du HipHop régional, ça je l'ai constaté, c'est clair et net, en dehors de nous, il y en a d'autres. Et ça fait du bien, de voir que maintenant, on peut travailler en partenariat avec des gens qui sont structurés.

Est-ce que le HipHop est maintenant mieux perçu, par rapport aux institutionnels et même par rapport au grand public ?

La réponse est oui. Indéniablement parce qu'il faut savoir que, dans la région, le HipHop pendant longtemps était géré par des gens qui n'étaient pas du tout issus de ce milieu. Donc ils n'ont pas su géré, correctement. C'est ce qui nous a aussi pénalisé en termes d'image, en termes de sécurité, en termes de programmation, en termes d'accueil du public, etc.

Les gens qui organisaient n'étaient pas des gens légitimes. Ils n'étaient pas issus du mouvement. Cela fait que, quand, toi, tu vas dans un concert, tu vois que la production est à chier, tu vois que l'organisation est à chier, tu ne prends pas ces gens au sérieux, et ça fait qu'il y a eu des clashs pendant longtemps dans le milieu HipHop.

On a une certaine légitimité, on a une histoire derrière nous. Quand on fait un concert, les gens savent qui on est. Mais le fait que nous nous soyons impliqués dans le mouvement HipHop et que nous connaissions des gens dans le mouvement HipHop - Quand je parle du mouvement, je parle des vrais gens qui sont dans le mouvement HipHop, des vrais activistes, des gens qui sont dans des disciplines, qui pratiquent ou qui connaissent la culture HipHop -, et bien quand nous organisons des évènements avec ces gens-là, il ne se passe jamais rien. Parce que ces gens-là savent pourquoi ils viennent. Quand tu fais une programmation, ils savent. Donc ça se passe bien. Et puis, il y a aussi le fait qu'on est au pied des tours HLM. On n'a pas pris un bureau à Sébastopol, ou à République (ndrl : quartiers du centre-ville de Lille), on est là, dans le quartier, tous les jours, on voit les gars du quartier. Et puis nous sommes des gars de quartiers aussi.

Pourquoi la professionnalisation du HipHop est-elle nécessaire ?

Premièrement, on s'est rendu compte que le Nord Pas-de-Calais est la région la plus jeune de France. Deuxièmement, parmi tous ces jeunes, il y en a énormément qui pratiquent la culture HipHop. Et il y a beaucoup de gens qui se lancent dans la culture HipHop corps et âme. Ils se lancent à fond dedans et ils n'ont rien d'autre. C'est comme si ils se jetaient dans le vide. Le problème c'est que ces gens sont là, sont vraiment motivés, vraiment sincères dans leurs démarches mais il leur manque des repères. Ces repères-là qui permettent un jour de pouvoir vivre de ce que tu aimes, de ce que tu fais. Justement, pourquoi on a orienté notre travail sur la professionnalisation ? Parce qu'on voulait donner des repères aux activistes de la culture HipHop, qui sont souvent jeunes, et qui connaissent assez mal le fonctionnement des métiers du disque, ou comment produire un spectacle vivant, etc. Même pour nous, il fallait absolument qu'on ait ces repères. Et ces repères, on les a mis en place en faisant venir des intervenants qui étaient qualifiés, qui vivaient déjà soit de manière indépendante, soit ils avaient créé leur structure ou étaient simplement des artistes. Il fallait qu'on ait des points de vue extérieurs à la région, pour donner aux gens de la région des repères pour pouvoir avancer un peu dans leur démarche, tout simplement. Et je peux te dire qu'en termes de professionnalisation, c'est ce qui nous manque dans le Nord.

Dans le Nord, il y a des artistes. Des bons artistes, il y en a, quelles que soient les disciplines. La danse, le graf, les MCs, les DJs, il y en a des bons. Le problème, c'est que tous ces mecs-là sont un peu isolés. Ils travaillent mais le problème, c'est qu'à un moment, ils finissent par se faner parce que la vie avance, il y a des gars qui se casent, il y a des gars qui ont un mauvais parcours, il y en a qui ont un bon parcours, qui, à un moment donné, laissent tomber un peu. Et puis, si tu veux vraiment te confronter à la scène nationale, il faut que tu fasses cela de manière professionnelle, parce qu'au niveau national, les gens font cela de manière professionnelle. Quand je dis « professionnelle », je veux dire qu'ils font ça à plein temps.

Quand tu regardes l'exemple américain, le business du HipHop, c'est un business très organisé, c'est très professionnel. Il n'y a pas de place pour l'amateurisme. Aussi bien au niveau artistique, qu'au niveau du management, qu'au niveau production, ça ne rigole pas. Un artiste quand on lui donne sa chance là-bas, il sait très bien qu'il n'aura pas deux chances, il en aura qu'une. Un producteur connaît les enjeux. Nous aussi, on se doit d'être dans cette logique-là mais toujours de manière indépendante. Pour moi l'indépendance, c'est le fer de lance de la culture HipHop. Le côté underground, pas underground, je m'en fous un peu. Mais le côté indépendant, c'est ce qui m'intéresse avant tout. Qu'est-ce qui est underground, qu'est-ce qui n'est pas

Que tu viennes de Lille ou pas, le business, c'est le business. Il y a un côté, vachement business à Paris. Du point de vue de la qualité artistique, on n'a pas le droit à l'erreur. Et d'un point de vue business, on n'a pas le droit à l'erreur.

underground, on en sait rien. Mais ce qui est indépendant, on le sait. On sait qui est indépendant et qui ne l'est pas. C'est ça qui est important.

C'est vrai qu'on est arrivé à un moment où c'est surtout l'indépendance qui compte parce que beaucoup de structures qui ont été créées ont soit disparu ou ont été récupérées. La plupart des gens du mouvement ne sont pas les décideurs. Le HipHop est décidé ailleurs, et c'est un gros problème. Mais qu'est-ce que tu répondrais à ceux qui disent « organiser le HipHop d'accord mais ça tue sa spontanéité, c'est une culture, ça n'a rien avoir avec le business, il faut la laisser comme elle est ». En gros, il ne faut pas structurer le mouvement parce que ce serait le tuer, c'est le faire récupérer.

Je vais le dire de manière un peu provocante, ce sont des gens qui ont de quoi manger. Moi, j'ai remarqué que dans la culture HipHop, il y a plusieurs publics, il n'y a pas qu'un public. Tu vas prendre les rappeurs et les graffeurs, ce n'est pas du tout le même public. Les graffeurs, il y a une étude qui a été faite là-dessus, sont issus de couches socioprofessionnelles assez aisées en général. Le profil du graffeur, c'est un gars qui a, au minimum le bac, qui est en école d'art ou un truc de ce genre, et qui, pour caricaturer, n'a pas « besoin d'argent ». Ils vivent déjà, ils ont déjà un niveau d'études, ce sont des gens qui vont se reconvertir dans le graphisme, ou dans le webdesign. Le rappeur, c'est souvent un gars de la rue, il n'a pas de diplômes ou il a un minimum de diplômes, il est issu des quartiers difficiles. C'est quelqu'un qui a faim, au sens vrai du terme. Les rappeurs sont des gens qui sont dans une position sociale défavorable et difficile. Donc c'est normal, qu'après dans le HipHop, tu as deux publics qui sont parfois en contradiction. Tu as ceux, soi-disant qui sont puristes, qui vivent de manière soi-disant underground, mais ces gens-là, il faut voir quel niveau de vie ils ont derrière, et ces gens-là tu les revois 10 ans après dans les boîtes de webdesign. Alors qu'un rapper quand il dit, «moi, je veux faire de la thune»,

« moi, je vais croquer », le gars, 10 ans après, il est toujours en bas de sa tour, à fumer ou bien à avoir un boulot qui n'est pas forcement valorisant. Donc, moi je crois que ce discours-là, c'est d'abord, qui tu es ? Quelle démarche tu as ? Pour moi, tu peux bien vivre de ça en restant intègre, indépendant. Pour moi, c'est ça le plus important.

Nous, à Call 911, on ne fera pas n'importe quoi, on a essayé de nous faire faire n'importe quoi. On ne fait pas n'importe quoi. On sait ce qu'on fait. Maintenant, les récupérations politiques, les récupérations culturelles, artistiques et tout, nous, on dégage tout ça sur le côté, ça ne nous intéresse pas. A partir du moment où il y a une vraie éthique dans ce qu'on fait, on reste là-dessus. Maintenant pour moi, gagner de l'argent dans ce milieu-là, ce n'est pas l'objectif numéro 1 de call 911, mais c'est un des objectifs, c'est normal. DJ, graffeur, danseur... La première chose que disent les gens dans le mouvement HipHop, c'est qu'ils veulent en vivre. C'est tout simplement ça. C'est la survie de l'artiste. Comment en tant que danseur, comment en tant que graffeur, comment en tant que DJ, comment en tant que MC, comment je peux faire de ma passion, mon métier ? Et c'est là la difficulté. Et là, si tu n'as pas un minimum de professionnalisme, tu n'y arriveras jamais. Il ne suffit pas d'avoir de la bonne volonté, il faut avoir de la démarche aussi. Il faut avoir le discours et la méthode. Il y en a qui ont le discours mais n'ont pas la méthode. Je ne dis pas que nous, on l'a. Nous aussi, nous nous sommes plantés. On continue à se planter mais quand tu te plantes, tu apprends.

Quels sont les obstacles et les freins à la professionnalisation du HipHop ?

Déjà, il y a une réalité. La réalité numéro 1, c'est qu'aujourd'hui le HipHop n'est pas géré par des gens qui viennent du HipHop, il faut le savoir. Je dis au rappeur qui vient me voir : écoute, va faire le tour des rédactions à Paris, va faire le tour des labels, tu verras que les gens qui sont à la tête des labels ou des rédactions, ce sont des gens qui ont un profil école supérieure de commerce, qui vendent ça mais pourraient très bien vendre des paires de chaussettes ou des boîtes de conserves, c'est la même démarche. Ils ne sont pas activistes, ce ne sont pas des gens qui savent. Ce sont des gens qui vont dans des concerts de techno ou de musique électronique, le weekend, et la semaine, travaillent dans des revues spécialisées dans le HipHop, et qui sont là pour vendre de l'encart publicitaire.

Ta culture, ils n'en ont rien à faire. Eux, ils sont dans une démarche de profession, au sens où je gagne ma vie, tout simplement, sans chercher à comprendre. Et forcement quand nous, issus du mouvement, on arrive à rencontrer ces gens-là, des fois, ce n'est pas évident. Parce qu'on n'a pas les mêmes attentes, on n'a pas les mêmes convictions ni les mêmes objectifs. Ce qui fait que la première barrière vient de ça. Il s'agit de deux mondes différents. Toi, tu es dans la rue, tu rappes dans ton quartier ou tu danses en bas de ta tour, et du jour au lendemain, tu vas rencontrer un gars qui gère un label et qui a une démarche purement commerciale. C'est comme le débat avec Skyrock, ce ne sont pas gens issus du mouvement. Et c'est ça la difficulté numéro 1.

La deuxième difficulté, c'est que dans le mouvement HipHop, il y a toujours eu des querelles intestines. Et ça existe encore. Dès que quelqu'un avance ou fait quelque chose, tu te retrouves toujours avec des gens sur le dos. Mais bon, ça c'est la vie en général, il faut savoir faire avec.

La troisième difficulté, c'est qu'on manque aujourd'hui de compétences dans le mouvement HipHop au niveau régional. Ce qui fait que c'est encore difficile, c'est qu'on manque de compétences. Monter un label indépendant, c'est comme monter une entreprise. C'est la même chose, donc il faut qu'il y ait des gens de chez nous qui aient des diplômes, des gens qui ont un pied dans la rue, c'est à dire dans la culture, mais qui ont aussi des compétences précises.

Je crois qu'au départ, c'est un problème d'image. Parce qu'il y en a beaucoup qui ont grandi avec le HipHop et qui ont aussi fait des études, mais après ils se sont dits maintenant, il faut qu'on travaille. Et

le HipHop, c'était limité au rap, à la musique, aux chanteurs, aux DJs, des MCs. Il n'y avait pas l'idée que derrière tout ça, il y avait d'autres métiers, des attachés de presse, des producteurs, des éditeurs, du marketing, du commercial. Et tous ces métiers n'étaient pas considérés ou on ne pouvait pas penser qu'ils existaient, on ne voyait que le côté showbiz. Donc, je crois c'est ça le problème, c'est un problème d'image. Comment pourrait-on justement retourner cette image ?

Il y a aussi une chose. Pour être dans le mouvement HipHop aujourd'hui, il faut savoir s'entourer de gens qui ne sont pas issus du mouvement HipHop. C'est clair. Quand nous on fait des concerts, en termes d'organisation, c'est très lourd. Nous sommes allés chercher des gens compétents qui ont aussi bien un festival de musique électro... Il faut aller chercher des gens pour leurs compétences, en oubliant un peu, « d'où tu viens, qui tu es », mais « qu'est-ce que tu sais faire et comment tu le fais ? ». Il faut avoir cette ouverture d'esprit que beaucoup n'ont pas encore. De pouvoir dire, je vais appeler une petite nana avec un piercing dans le nez mais qui, en même temps, est super compétente pour faire de la promo ou de la communication. Et c'est cette meuf là qui va t'apporter ta crédibilité quand tu vas faire ton événement. Si tu prends des gros évènements, dès que ça dépasse les mille personnes, en termes d'organisation, c'est très lourd, il faut avoir les compétences. C'est pareil pour un label, tu veux de la vraie communication ou du vrai marketing, il faut savoir parfois aller chercher les gens. Moi, j'aimerai bien aller chercher les compétences dans le HipHop, mais malheureusement elles n'y sont pas.

Par contre, il faut toujours garder une certaine éthique, parce que l'ouverture a du bon, mais parfois, elle peut t'emmener là où tu ne dois pas aller. Mais il faut savoir se dire, je n'ai pas ces compétences dans mon équipe, je n'ai pas ces compétences dans le mouvement HipHop, donc je vais aller parler avec un gars ou une meuf qui n'est pas du tout de ce milieu-là mais qui va pouvoir m'amener la compétence dont j'ai besoin. Cela peut être un gars qui fait des clips, dans le HipHop, ils ont travaillé avec des gars qui ne sont pas issus du mouvement et qui ont des super clips. Cela peut être un attaché de presse, ou encore un producteur, un éditeur, tous les métiers, en fait. Nous à Call 911, François, c'est un gars qui n'est pas issu de la culture de quartier, il est activiste dans le mouvement HipHop mais ce n'est pas un gars qui a grandi dans les quartiers. Il ne connaît pas la culture de quartier. Il connaît la culture HipHop mais pas la culture de quartier.

Aujourd'hui, on confond peut-être culture de quartier et culture HipHop, ce qui fait que l'image du HipHop n'est pas celle qu'elle devrait avoir. Et pour en revenir à la professionnalisation, rien qu'en lâchant le mot HipHop, ça décrédibilise tout ce que vous faites. Et ça s'est vachement dur à changer.

C'est clair, mais pour moi, si tu veux, la culture HipHop et la culture de quartier sont vraiment deux choses différentes. Il y a des croisements, par le biais du rap notamment, mais il s'agit de choses vraiment bien différentes. Quelqu'un qui n'est pas de quartier peut être beaucoup plus HipHop, que quelqu'un qui vient d'un quartier, ça ne veut rien dire. La culture HipHop vient des quartiers, d'accord mais ça ne se limite pas au quartier. Nous, on a vu des gens qui sont plus HipHop dans le Pas-de-Calais qu'à Lille ou dans les quartiers de Lille. Et je vais même plus loin, je différencie la culture rap de la culture HipHop. Aujourd'hui, on peut parler de culture rap et de culture HipHop, qui sont deux choses différentes, et deux publics qui ne se côtoient même pas parfois. Aujourd'hui, quand on me dit qu'est-ce que tu as fait samedi ? Je dis, j'ai fait un concert HipHop, je n'ai pas fait un concert rap. Parce qu'il n'y avait pas que du rap. Il y avait un peu de rap, il y avait de la musique acoustique, il y avait un battle de DJs, il y avait le champion du monde DMC qui était là. C'était un événement HipHop.

Aujourd'hui, malheureusement, le rap a une mauvaise image. Sur des évènements, des fois, je fais venir des gens qui ne sont pas du mouvement HipHop et ils arrivent en

> La première chose que disent les gens dans le mouvement HipHop, c'est qu'ils veulent en vivre. C'est tout simplement ça. C'est la survie de l'artiste. Comment en tant que danseur, comment en tant que graffeur, comment en tant que DJ, comment en tant que MC, comment je peux faire de ma passion, mon métier ? Et c'est là la difficulté. Et là, si tu n'as pas un minimum de professionnalisme, tu n'y arriveras jamais.

me disant « on s'attendait à voir des yo, check, yo », ils ont vu des danseurs, ils ont vu des artistes, ils ont vu du graf, ils ont vu un vrai mouvement artistique, une vraie culture. En fait, ils s'attendaient à voir du rap, ils ont découvert une vraie culture. Le problème, c'est que le rap a pris tellement d'ampleur qu'il se met devant et cache toute la culture qui est derrière. Et moi, je peux te dire que depuis qu'on a monté Call 911, je suis devenu plus HipHop qu'avant.

Avant, j'étais plus rap. Quand tu viens d'un quartier, le premier truc que tu apprends, c'est comme les footballeurs dans les quartiers, c'est le rap. Tout le monde rappe. Mais les autres disciplines de la culture HipHop, tu ne les connais pas forcément. Et en même temps, ce qui est pire, c'est que tu n'as même pas envie de les connaître. Pour toi, la danse, c'est un autre monde.

Depuis qu'on travaille sur Call 911, on a côtoyé le vrai mouvement HipHop, des artistes de toutes les disciplines et de toutes les origines sociales. On apprend beaucoup de choses. Le HipHop en lui-même, c'est une vraie ouverture, pour moi, c'est une ouverture. C'est pour cela que le rap « à la parisienne », pour moi, a été géré par des banlieusards, tu vois ce que je veux dire ? Ce ne sont pas des gens qui savent. Ce sont des gens qui ont vu une opportunité de faire carrière ou de gagner de l'argent, et qui n'y ont pas vu une opportunité de valoriser leur culture.

Je suppose que vous êtes informés de ce qui se passe dans la région. Comment se porte le HipHop régional, dans le Nord Pas-de-Calais ? Ton constat sur le HipHop régional.

Déjà, au niveau du rap régional, ce que j'ai constaté dès le départ, c'est qu'il y a une vraie dichotomie entre Lille Métropole et le reste de la région. C'est flagrant. Tu peux demander à des groupes de Lille, ils ne connaissent pas beaucoup de groupes hors métropole. Il y a plein d'autres groupes dans la région, mais personne ne les connaît. Tous ces groupes, les gens ne les connaissent pas mais nous on les connaît. Et ces gars sont chez eux, ils sont dans leur coin. Il y en a qui se battent, qui essaient quoi. Mais en tout cas, c'est clair qu'il y a Lille Métropole (quand je dis Lille Métropole, c'est Lille-Roubaix-Tourcoing, Mons, etc.) et le reste de la région. C'est la première caractéristique de la région.

La deuxième caractéristique, c'est qu'il y a un vrai paradoxe. A Lille Métropole, il y a des groupes, il y a des activités, il y a des associations, mais il n'y a pas de structures, il n'y a pas de salles intermédiaires où tu peux aller répéter. Il n'y a rien. Il y a des centres sociaux, mais il n'y a pas d'endroits consacrés à la culture et aux musiques actuelles. Alors que dans la région, dans des patelins que tu ne peux même pas imaginer, ils ont des salles, des belles salles. Pourquoi ? Parce qu'il y a de l'argent des politiques de la ville qui a été investi dans les bassins miniers. Ils ont de l'argent et ils investissent beaucoup dans la culture. Ils ont des salles, mais ils n'ont personne pour les animer. Et nous ici à Lille, on a plein de gens pour animer des plans, mais on n'a pas de salle. C'est la deuxième caractéristique de la région. En termes d'équipements, il y a plein d'équipement hors métropole, mais il n'y a pas d'équipement en métropole. Il y en a quelques-uns mais c'est très léger. Dans une ville comme *Grenay* dans le Pas de Calais, ils ont une salle que tu ne peux même pas espérer avoir à Lille un jour. Elle n'est pas grande mais elle est bien équipée, juste ce qu'il nous faut, avec une capacité de 400 à 500 personnes pour faire des concerts de HipHop.

La troisième caractéristique, c'est qu'il y a énormément de groupes de rap, énormément de chanteurs et énormément de danseurs. Mais il y a très peu de structuration. Même au niveau régional, il y a très peu d'endroits où des gens s'organisent. Je ne parle pas forcément de monter une association mais simplement s'organiser. Il y a très peu d'organisation, c'est plus des gars qui sont chez eux, et qui sont vraiment isolés. Et ça c'est caractéristique de la région.

Le quatrième point, c'est qu'on n'a aucune visibilité hors-région.

Quelles sont les difficultés majeures au niveau

régional pour structurer le mouvement ?
Il y a des difficultés pour se faire comprendre vis à vis des institutions. Quoiqu'on puisse dire sur les institutions, dans le rap, dans le HipHop, elles jouent un rôle important. Si une mairie ne t'aide pas dès le départ, tu ne peux rien faire. La plupart des festivals – c'est vrai qu'il n'y a plus beaucoup de programmation rap - sont des festivals organisés via des mairies, des MJCs. Ce ne sont pas les professionnels, ce ne sont pas les réseaux des salles de France qui organisent ça. Des structures du niveau de l'aéronef dans les villes, par exemple, n'en veulent pas. C'est grace aux MJCs, que les groupes tournent, malgré tout. Bien sûr, ils ne tournent pas dans des grandes salles, mais ils peuvent jouer dans des MJCs, dans des festivals organisés comme nous nous faisons ici.

Maintenant, les groupes régionaux qui arrivent à amener leurs produits au niveau national, on leur colle une étiquette, un sticker « rap ou HipHop régional ». A ton avis, est-ce que c'est un point positif ou un point négatif ? Est-ce que commercialement ou au niveau de la notoriété, le terme « rap ou HipHop régional » est porteur ?
Les deux... Je me rappelle, une fois, j'étais en train de fixer des boards, un gars, sur Paris, vient et me sort « ah Call911, c'est vous et tout... » « Elle est bien la tape et tout ça », il fait « vous êtes d'où ? d'Aubervilliers ? », je lui dit non, mec, on est de Lille. Il a bloqué, c'est comme si je lui avais dit qu'on venait de Tombouctou. « Lille ? Vous êtes de Lille, les gars ? Vous faites de la promo grave ici ! », Je lui dis «ouais, tu vois nous on est présent». Donc quelque part, ce n'est pas bien quand tu n'es pas de la région parisienne, parce que ce n'est pas évident. Tu n'as pas accès à tout. Je vais te dire quand tu es un petit groupe de Paris, c'est très facile pour toi de mettre ton CD dans une enveloppe, et de passer directement dans les rédactions de magazines, par exemple. Quand tu es à Lille, tu envoies le CD par la poste, le gars n'écoute même pas, il range ça dans un coin. Tu comprends ce que je veux dire, ce n'est pas la même approche. Nous quand on va à Paris, on fait le tour

des rédactions, on rentre dans les rédactions. On parle avec les gars pour que les gens nous identifient. L'inconvénient, c'est ça, c'est qu'on n'est pas de Paris, c'est difficile. Toutes les structures sont là-bas, 360° Communications, la promo, tout est là-bas. Ici, il n'y a rien.

Mais l'avantage, c'est qu'on est identifié. Tu arrives à Paris, tu dis Call 911, Lille. Les gars savent, ils disent, « ah c'est toi, le gars de Lille, ok ». Quelque part, tu n'es pas comme les gars de Paris. Tu es un gars de Lille. Pour eux, tu es quelqu'un de nouveau. Mais maintenant, le défi, c'est d'aller sur le terrain des Parisiens et de les battre sur leur propre terrain. C'est ce qu'ont réussi à faire les Marseillais, mais ça c'est une histoire un peu particulière, c'est IAM. Nous, il faut qu'on parte de zéro. On arrive sur leur terrain. Par exemple, si on veut faire de la promo sur Paris, il faut qu'on fasse de la promo comme les parisiens. Il faut frapper fort, mec. Il faut mettre du board, du stick, il faut tout défoncer. Si tu ne défonces pas à Paris, personne ne te connait. Si tu fais un produit, il se doit d'être meilleur que ce qui sort à Paris. Si ta cassette est pressée, il faut que le son soit nickel. On n'a pas le droit à l'erreur. Tu arrives avec un produit pourri, en plus tu viens de Lille. Laisse tomber, on te jette des cailloux !

Quelque part, ça peut être un avantage, si tu es vraiment professionnel. Je peux dire aujourd'hui que quand j'appelle des rédactions, je ne dis pas Mourad de Call 911, je dis Mourad, on me connaît. Et ça, ça s'entretient. C'est un effort supplémentaire que je dois faire. Tous les 15 jours, je dois prendre le TGV ou je dois prendre ma bagnole, aller à Paris, parler aux gars, tout ça pour garder le contact, et je leur propose des plans. Par exemple, nous, on organise des évènements ici, tac ! Tous les gens qui sont dans le HipHop, en même temps, managent des groupes. C'est comme ça que ça marche dans le HipHop, il ne faut pas venir demander quelque chose, il faut proposer et après on te propose. Si tu ne proposes rien, on ne te propose rien.

Il faut savoir être intelligent et avoir des stratégies. Il ne faut pas y aller en disant, « salut, tu veux bien écouter mon disque, je viens de Lille ». Il ne faut pas faire pitié, il faut arriver en force. Quand on va là-bas, on n'est pas des rigolos, ils savent très bien, les mecs, que nous sommes carrés. Moi, je leur dis « nous on fait ça, on fait de la promo sur des soirées MTV, on fait des promo sur 112, on a fait tel festival, on a programmé tel ! » Donc, ils savent que tu pèses. Que tu viennes de Lille ou pas, le business, c'est le business. Il y a un côté, vachement business à Paris.

Du point de vue de la qualité artistique, on n'a pas le droit à l'erreur. Et d'un point de vue business, on n'a pas le droit à l'erreur. Il faut savoir faire du business, et quand je dis business, ce n'est pas le côté purement mercantile. C'est le côté contact/relationnel, il faut savoir gérer ça. Et puis, il faut se rendre compte aussi d'une chose, les Parisiens n'ont pas autant de plans que ça. Ils galèrent. Tu sais que tous les groupes là-bas ne trouvent pas de dates, ils n'arrivent pas à monter des tournées parce que personne ne veut du rap. Donc, toi quand tu organises même un petit festival, tu dis aux gars, écoute, moi, je te propose ça, le gars court, il cavale. Il vient en courant, même pour pas cher. Tout ça pour avoir une date. Sur Paris, il ne se passe rien. Ce qui fait que les gars bossent souvent avec la province. Les plans sur les ateliers d'écriture, des concerts, c'est comme ça qu'ils vivent. C'est comme ça qu'ils paient leurs cachets d'intermittents du spectacle.

Et c'est bien aussi, parce que nous quand on fait venir des artistes de Paris, on les fait rencontrer des gens ici. On fait de la rencontre, pourquoi ? Pour DEMYTHIFIER le rappeur qui a de la thune. ils sont, pour la plupart, des intermittents du spectacle ! Si tu ne leur donnes pas leurs 43 cachets par an, les Assédic ne les paient pas. Il ne faut pas croire, il n'y en a pas beaucoup qui vivent comme ça, bien. Il faut démythifier le truc. C'est important, parce que, nous, on a eu trop tendance à mettre sur un piédestal des artistes parisiens ou marseillais, alors que finalement, ils ne sont pas mieux que nous.

TOUT N'EST PAS SI FACILE

DEFI J & PHIL ONE (ZULU NATION BELGIQUE)

Qu'est-il arrivé à la Zulu Nation ?

Pendant longtemps, la Zulu Nation a été le porte-parole du HipHop dans le monde et plus particulièrement en Europe, au point que Zulu Nation et HipHop sont devenus synonymes. Mais alors que les enjeux sociaux et politiques devenaient de plus en plus importants pour les jeunes générations HipHop, la Zulu Nation semblait se faire de plus en plus discrète. Pourquoi ? Defi J et Phil One, les représentants de la Zulu Nation en Europe s'en expliquent*.

VHH: Le HipHop en France et en Europe plus généralement a été en partie introduit et coordonné par la Zulu Nation. Et je pense que ça a créé la confusion chez pas mal de monde. Dans le sens où HipHop et Zulu Nation sont devenus synonymes. Or c'est loin d'être le cas. Quel rôle a donc joué la Zulu Nation dans les premières heures du HipHop en Europe (Belgique et France) ?

Defi J : La Zulu Nation, quand on parle de l'Europe, il faut dire qu'elle est d'abord arrivée en France, à Paris. Afrika Bambaataa, un des pères fondateurs, est venu avec la culture HipHop et a rencontré des gens en France et les a déclaré Kings Zulu. On peut dire que c'est la première apparition officielle du chapter Zulu. Mais on ne sait pas si à cette époque, on peut parler d'un chapter européen. On va dire, plus français. Donc la Zulu Nation est apparue à ce moment-là.

Le rôle que la Zulu a joué dans le HipHop en France au début ? J'ai ma réponse à moi. Mais chacun a sa réponse. Je pense qu'elle devait avoir un rôle mais le rôle n'a pas été accompli. Du moins pour la France. A la base, elle avait pour rôle de pouvoir inculquer aux gens l'essence de la culture HipHop, les fondements du HipHop à travers les arts, à travers la pensée. Mais, je pense qu'il n'y a pas eu assez de maturité à l'époque pour ce qui devait être fait. Et ce qui devait être fait, c'était enseigner aux jeunes que la culture HipHop, c'est bien, c'est une chose, vouloir évoluer dans la culture HipHop, c'est une autre chose mais à côté de ça, il y a tout un mode de vie. Il fallait donc apporter un mode de vie à travers le HipHop. Le HipHop devait être un apport en plus dans leurs vies sociales. C'est-à-dire qu'il fallait leur faire prendre conscience qu'il ne fallait pas laisser tomber les cours, avoir son diplôme, avoir un boulot, être bien avec les gens, tous des trucs comme ça.

La Zulu était porteuse de ce genre de messages. Je pense que cela a été ancré dans le cœur et la tête de beaucoup de gens, même en France, alors qu'il n'y a plus de zulus... Enfin, il n'y a plus de Zulu Nation, mais je pense qu'il y a encore beaucoup de zulus. Malheureusement, le « job » de la Zulu Nation n'a pas été fait. Pour moi, la Zulu Nation en France a été beaucoup trop « fashion ». Elle a été surtout un phénomène de mode en France. Le mot Zulu était associé au HipHop, on disait que Zulu c'était HipHop et que HipHop c'était Zulu, mais sans plus.

A un moment donné dans les années 1980, Zulu est devenu synonyme de racaille. Pourquoi justement au moment où le mot Zulu et la Zulu Nation étaient dénigrés, la zulu nation s'est faite discrète et a même disparu ?

Phil One : C'est un peu ridicule, mais c'est la vie. Au moment où les média ont confondu les noms, ce qu'il s'est passé, c'est que certains n'avaient pas le cran, sans leur manquer de respect, d'aller défendre les vraies valeurs. Ils sont rentrés dans le jeu des média, ils ont préféré se retirer. Au même moment, il y a eu des disputes et des problèmes au sein de certaines organisations, la Zulu Letter avait disparu, Sidney n'avait plus son émission, Skalp faisait autre chose, Solo a commencé petit à petit à s'intéresser au rap et une autre partie de la culture HipHop. Et petit à petit comme ça, les gens qui avaient un nom et qui défendaient cette association ont disparu petit à petit et ont fait le jeu des média... Et puis,

> Je pense qu'il serait grand temps qu'il y ait un Blackout sur le HipHop. C'est là qu'on verra où sont les vrais. C'est là qu'on verra où sont ceux qui étaient décalés. C'est là qu'on verra ceux qui sauront se débrouiller, ceux qui étaient dans l'underground à travailler leurs projets et qui ont su créer leurs structures et qui pourront continuer à évoluer dans l'underground.

il y avait aussi derrière, il faut être honnête, une pression de la communauté HipHop derrière, qui elle aussi confondait les choses. Et ce n'était pas évident, à une époque où justement, les problèmes de quartiers, les problèmes de banlieues arrivaient, venir derrière en disant « ah non, non, non, Zulu c'est justement Peace, unity et on va tous être frères », Il faut se faire entendre dans des moments comme ça, et ce n'est pas facile ! Quelque part, on les comprend. Ils ont disparu, mais je pense qu'ils sont restés Zulus dans le cœur. Mais l'organisation en elle-même petit à petit s'est éteinte.

Defi J : La Zulu Nation, c'est réunir des gens, organiser des évènements, faire en sorte que le HipHop monte. La Zulu Nation, c'est mettre en avant l'intérêt général, mais cet intérêt n'a pas primé. C'est bien d'être dans ton univers musical, de faire tes skeuds et tout ça, mais à côté, tu tires avec toi l'essence de la Zulu Nation. Je pense qu'en France, malheureusement, ils ne l'ont pas tous fait. Certains l'ont fait mais ont abandonné parce qu'ils se sont retrouvés seuls. Et puis d'autres ont plus vacillé dans le côté « voilà, je suis dans les média » et tu ne peux pas leur en vouloir. C'est comme si prenais un jeune môme qui a 18 ans et qui devient multimillionnaire tout d'un coup. S'il était bon et qu'il change et devient con et hautain, et bien écoute c'est parce que c'est la jeunesse qui joue, c'est le manque de maturité. Et je pense qu'il y a eu beaucoup de ce genre de choses : le manque de maturité, le fait d'être dans un engrenage médiatique et que soudain, on devient quelqu'un, etc...

Quelles étaient et sont donc les valeurs de la Zulu Nation ?

Defi J : Il y a une phrase symbolique pour cela, « Peace, Unity and having fun ». Maintenant quand tu regardes les valeurs de la Zulu Nation, je vais te dire, il n'y a pas vraiment eu de valeurs à la base. Moi, les valeurs de la Zulu Nation, je les ai rencontrées au jour le jour en évoluant dans le HipHop et à travers la Zulu Nation. Une anecdote : il y a deux ans, on était dans le Bronx et on attendait Bam (Afrika Bambaataa). On a attendu 3 heures devant chez lui, on râlait, on lui criait dessus. On monte dans la cage et lui, encore, il est en train de tourner. Et on se dit, il se fout de notre gueule, il est retard, et il va encore faire un tour. Et en fait, on s'aperçoit petit à petit que le mec sort des radiateurs, sort des courses, on se rend compte alors qu'il est en train d'approvisionner une famille. Ça, pour moi, c'est une valeur importante, tu as réussi, tu as du fric, mais tu sais pertinemment d'où tu viens et tu n'oublies pas les gens de ta communauté qui sont dans le besoin.

Phil One : En résumé, la valeur essentielle, c'est éduque-toi toi-même et éduque les autres. Et aujourd'hui, il y a une autre valeur qui est apparue et qui n'existait pas au départ, c'est la préservation, non pas du HipHop, mais de la culture HipHop. La valeur que la Zulu Nation défend aujourd'hui plus qu'autre chose, c'est cette préservation.

Est-ce que les valeurs de la Zulu Nation sont les valeurs du HipHop, est-ce qu'on peut dire que c'est la même chose ?

Defi J : Je pense que c'est la même chose parce que la Zulu Nation est la fondation. Mais aujourd'hui la culture HipHop ne s'arrête plus à la Zulu Nation.

PO : Aujourd'hui la culture HipHop est présente dans le monde entier, ce n'est plus au niveau de 1 ou deux continents, le HipHop touche les 5 continents. Maintenant, il faut définir ce qu'est le rap et ce qu'est la culture HipHop. KRS One a dit, un jour, sur un disque : « rap is something you do, HipHop is something you live ». C'est le résumé. Aujourd'hui, on a rien contre le fait qu'il y ait des gens qui sont amateurs de musique rap, parce que c'est leur droit et que c'est devenu une musique à part entière. Et à côté de ça, tu as une infime partie de ces gens qui écoutent du rap qui sont adeptes de notre culture, la culture HipHop. Et nous à la Zulu Nation, nous essayons dans le monde entier, c'est le message qu'on fait passer dans tous les chapters, de préserver cette culture.

Torch : Quand tu écoutes du rap, qui te présente le rap ou le HipHop? Les maisons de disque, la télé. Des gens qui n'ont rien à voir avec le HipHop. C'est pour cela que c'est important que les gens du HipHop eux-mêmes présentent aussi le

HipHop. C'est pour cela qu'il y a le Rock Steady Anniversary, la Zulu anniversary. C'est très important qu'il y ait des gens qui aient pour seul intérêt la présentation du HipHop et rien d'autre. Pour une maison de disque ou pour une radio, leur intérêt n'est pas de présenter la culture HipHop, c'est de présenter un produit. C'est bien, mais à côté de cela, si tu veux en savoir plus, si tu as des questions, tu vas où ? Tu vas appeler Sony ? Non, tu passes par la Zulu Nation.

La dimension commerciale qu'a prise le rap a eu pour principale conséquence la séparation des différentes disciplines du HipHop. Comment en tant qu'organisation vous gérez cela vous qui militez pour l'unité ? Comment vous faites pour que les gens fassent même le lien entre les différentes disciplines de la culture ?

DJ : Il y a une chose qu'il faut préciser : Heureusement qu'il y a encore de nos jours, des gens qui font du rap et qui respectent le mouvement du B-boying et l'inverse aussi. Tu as aussi des gens du B-boying qui se sont adaptés à la musique rap parce qu'ils y trouvent des vibes. Je veux dire, si moi, je suis un rappeur et que ma musique correspond à une mentalité dans laquelle je respecte les B-boys, il est clair que, quelque part, dans ce que je vais faire, il y a des choses que les gens vont reconnaître. Par rapport à ça, au niveau de la Zulu Nation, on essaie de créer des évènements où justement ces gens, et heureusement qu'il y en a qui font du rap et qui respectent les différentes disciplines du HipHop, sont là, où les B-boys sont là, où les grapheurs sont là, où les DJs sont là, d'une manière ou d'une autre. On essaie de créer des évènements avec cet ensemble de courants artistiques qui font partie du HipHop. Mais, ce n'est pas évident.

Les jeunes sont-ils réceptifs aux messages et aux actions de la Zulu Nation aujourd'hui ?

PO : Ca dépend... Nous représentons la Zulu Nation belge. Nous, en Belgique, ça fait 15 ans que nous sommes là et je pense qu'aujourd'hui, les gens ont perçu notre message,

Les média ont colonisé notre culture. Maintenant, la Zulu Nation tente, tant bien que mal, de récréer l'unité dans le HipHop.

en tout cas en Belgique. Ils ont compris notre message. Maintenant dans d'autres pays, je ne sais pas, je ne peux pas me prononcer bien que nous nous occupons de certains pays en Europe. C'est vrai que c'est difficile, mais je ne veux pas trop parler pour les autres. Même si en Belgique, je pense qu'ils ont compris la chose, c'est encore difficile. Quand on fait la sélection du BOTY (Battle Of The Year), il y a très peu de MCs qui viennent, même si on invite des rappeurs sur scène. Quand on fait un anniversaire Zulu où il y a principalement du rap et du DJing, il n'y a pas trop de B-boys dans la salle. Si tu vas à un niveau international, tu vas dans les plus grands évènements du monde comme le Rock Steady ou la Zulu ou des trucs comme ça, c'est essentiellement des B-boys. C'est vraiment difficile. C'est difficile parce qu'aujourd'hui chacun a sa passion, chacun a ses envies et puis chaque discipline n'est plus attaché à l'autre. Les disciplines sont tellement indépendantes les unes des autres maintenant. Tu as des graffeurs qui exposent dans des galeries, qu'est-ce qu'ils ont besoin de B-boys derrière ? Tu as des rappeurs qui vendent leurs disques à des millions d'exemplaires, ils n'ont pas besoin de danseurs sur scène ! Tu as des DJs qui vendent des milliers de mixtapes, ils n'ont pas besoin d'un MC !

DJ : Ça, c'est la partie business. Il y a eu un phénomène de la colonisation de la culture. Les média ont colonisé notre culture. Maintenant, je pense que la Zulu tente, tant bien que mal, de récréer l'unité dans le HipHop. Il y a beaucoup de gens qui aiment voir sur scène des rappeurs et des breakers dans la même soirée. Beaucoup de gens aiment ça. Nous, ce que nous essayons de faire, c'est de donner l'occasion à ces gens de pouvoir vivre ce genre d'évènements, de revenir à la base.

Justement avec les images que diffusent des chaînes comme MTV, vous ne passez pas pour des fous quand vous apportez votre vision du HipHop ? Est-ce que vous pensez que c'est un combat perdu ?

PO : Je pense qu'ils ne nous prennent pas pour des fous parce qu'ils savent la vérité mais ils ne s'y intéressent peut-être pas. C'est différent. Mais, je crois qu'aujourd'hui avec les média, avec les choses qu'il y a eu, avec les films, les cassettes qu'on vend, les gens sont au courant que le HipHop c'est ceci cela. C'est sûr que c'est toujours difficile. Nous par exemple, à un moment donné, notre combat a été de faire arrêter les écoles de danse d'appeler leurs cours, cours HipHop. Tu ne danses pas le HipHop. « Oh, on danse le HipHop ! ». Non, on ne danse pas le HipHop. Ça ne se dit pas. Tu fais du locking, du electric-boogie, ou autre, mais tu ne danses pas le HipHop. On a eu plein de discussions comme ça avec des maisons de danse... Encore une fois, ça, cela fait partie de la préservation de la culture HipHop.

DJ : Si on en est arrivé là, c'est qu'il y a eu des erreurs. Et je pense que l'erreur fondamentale vient de la Old School, pour la France. Je pense que si beaucoup de jeunes se sont détachés de la culture HipHop, c'est parce qu'en France, une classe d'artistes, qui était signée chez les majors, s'est trop mise en évidence, s'est accaparée la culture HipHop made in France et a réécrit l'histoire. Ils ont réécrit l'histoire en en faisant croire qu'il n'y a plus d'histoire, que le Bronx ça n'existe pas. C'est pour cela qu'il y a des problèmes avec des artistes américains sur scène.

PO : C'est partout pareil, c'est pour cela qu'aujourd'hui la Zulu Nation est en train de se battre contre les média pour leur faire comprendre que Russel Simmons n'est pas le père du HipHop. Les pères du HipHop sont les DJ Kool Herc, Bambaataa et les autres...

DJ : Quand je vois des groupes old school français qui font un album, tu entends le sampling et ils te disent l'original « sample by », ils le mettent en anglais en plus pour faire américain, « sample by Scarface ». Comment tu vas apportez de la connaissance aux gens si tu ne sais pas que tu as pris le sample de Isaac Hayes ? Tu induis en erreur les gens ! Et puis tu dis, «ouais, non, moi, le HipHop ricain ce n'est pas mon problème». Non, c'est clair qu'il ne faut pas aduler le rap américain, on ne doit pas l'aduler parce qu'on a notre culture en Europe. Mais tu ne peux pas non plus, d'un autre côté, cracher sur le HipHop qui vient d'Outre-Atlantique. Et quelque part, tu essaies quand même de te tenir à la page de ce qui se passe là-bas. Tu évolues ici et tu fais comme si il n'y avait que la France, alors que non. Surtout que la culture HipHop va en l'encontre de cela. La culture HipHop justement prône le rapprochement. Dans l'Est de la France, vers Strasbourg, ils savent qu'il y a un HipHop qui existe en Allemagne...Du côté de Paris, de Nantes, dans le Sud, ils ne savent pas qu'il y a du HipHop italien, ou allemand, qu'on rappe en polonais, qu'on rappe en telle ou telle langue et je trouve ça un peu dommage. Ce n'est même pas du protectionnisme. C'est un renfermement sur soi.

Torch : moi, je suis en Allemagne, j'ai mon business, j'ai mon label, j'ai mon studio, j'ai eu la première émission à la TV sur le HipHop, j'ai fait plein de chose mais j'essaie toujours de respecter ceux qui sont passés avant, j'essaie de rendre hommage à la culture HipHop et aux pionniers de cette culture.

Pourquoi est-il si important pour vous d'insister sur l'effort de mémoire, sur l'histoire du HipHop ?

DJ : Quand on y réfléchit bien, l'effort de mémoire, même artistiquement, peut te rapporter quelque chose. Quand tu écoutes la musique d'aujourd'hui en rap, et que tu analyses les sons, quand tu te décides à étudier la musique rap actuelle, alors tu te dis: « ok, je connais plus ou moins les machines, à l'époque, c'était de l'analogique, tu remarques que ce qui se passe actuellement, ce sont des sons purement analogiques, c'est du son séquentiel, du juno 106, du BX7, ils ont maintenant le fameux triton qui a repris toute la banque son de Korg à l'époque ». En fait, rien n'est nouveau ! Et si tu analyses ça, tu te dis: « oh, je me rappelle que dans le passé, quand, j'écoutais du son dans les années 1981/82, tel groupe, tel groupe, tel groupe, utilisaient les mêmes principes de musique, et à l'époque, c'était nouveau ». L'effort de mémoire te permet aussi de connaître «l'évolution» d'une musique. Entre guillemets, parce que c'est une évolution qui ne fait que retourner dans le passé. Le talkbox, c'est nouveau, non, ce n'est pas ça, ce n'est pas ton PC...C'est une boîte avec une espèce de baffle, un tuyau et c'est Roger Troutman qui l'a utilisé à l'époque ! Tu as Stanley Clarke qui l'a utilisé, tu as George Duke qui l'a utilisé. Et ce ne sont que des sons du passé, qu'on remet d'actualité. Donc, l'effort de mémoire fait partie de la culture de toute façon.

En travaillant l'artistique, tu retournes dans la culture et tu te dis, on a samplé des gens comme ça, donc lui n'a pas créé, il a pris une boucle, il l'a fait looper et ça vient de tel type qui faisait du jazz, etc. L'effort de mémoire te permet aussi d'évoluer artistiquement et de ne pas paraître con. Quand tu parles musique, tu n'es pas con. Tu dis, « ah ouais, c'est tout nouveau ce que je fais », tu vas avoir en face de toi, un mec de 50 ans, qui a baigné dans le jazz, qui va te dire, mais tu me prends pour un con, ce que tu fais, c'est ce qu'on faisait il y a 20 ans.

Aux USA, le HipHop s'inscrit dans la lignée de la black music, ça fait partie de leur culture. Ici, Le HipHop est apparue tout d'un coup, il y en a très peu qui étaient plongés dans la black music avant. Comment expliquez-vous cela ?

DJ : Tu poses la question à une majorité de jeunes, actuellement, qui veulent rentrer dans le rap : Pourquoi tu veux rapper ? Tu as 90% de chances d'avoir comme réponse : « pour gagner de l'argent ». Faire un disque, gagner de l'argent, devenir une star. Tes premières scènes en rap, tu le faisais parce que tu avais envie de monter sur scène devant un public, tu ne t'attendais pas à voir un cachet. Tu montais sur scène parce que tu avais envie de montrer que tu étais là. Tu avais envie de faire partager tes lyrics. Regarde Gabin de Aktuel Force, il a réussi à travers sa passion. Il n'a pas réussi parce qu'il s'est dit, je vais danser et tourner sur la tête pour affoler les gens et je vais toucher de l'argent grâce à ça, je vais devenir une attraction. Non, il a toujours fait de la danse par passion. Des années ont passé, sa passion lui a donné beaucoup plus de talent, beaucoup plus d'expérience, et c'est vrai qu'à un moment donné, quand tu es artiste, tu as envie de vivre dignement, et de vivre avec ton art. C'est qui peut t'arriver de mieux. Et bien, voilà, Gabin, c'est ce qu'il a eu. Le problème actuellement, c'est que les gens veulent d'abord gagner de l'argent pour après se dire, une fois que j'ai de l'argent, je fais mes trucs par passion. Tu ne peux pas. C'est trop tard, parce que tu es pourri par le biz.

Avec la Zulu Nation, vous n'avez pas l'impression d'être un peu dépassé ou en décalage avec le monde du rap surtout (au niveau des lyrics des artistes, de la violence associée aux évènements rap) ?

PO : Non. Grâce à Dieu, sur 10 évènements qu'on organise, il y a, peut-être, un événement où il y a une petite tension et encore... Parce qu'on vient de là, on sait comment prendre les gens. Je ne dis pas qu'on est cools, que les gens nous respectent, quand on est tranquilles toute la soirée. On n'est pas tranquilles. Mais nous ne sommes pas dépassés parce que notre but, justement, c'est de ne pas être dépassé.

DJ : Actuellement, je pense que, être, justement, à la page, c'est de pouvoir faire des évènements. Encore aujourd'hui, la Zulu Nation peut inviter des artistes comme Common, ou Mobb Deep, ou encore un groupe connu de break, et créer une scène d'actualité, et le public viendra sans qu'il y ait de problèmes. Parce que les gens connaissent l'esprit de la Zulu Nation. Et ce n'est pas non plus parce qu'on ait Zulu qu'on est gentil avec tout le monde et qu'on se laisse entuber. Les gens pensent que parce que t'es Zulu, on peut te cracher dessus ou te marcher dessus. Bam me disait que si tu es Zulu et que tu représentes le HipHop, tu dois savoir « watch your back ». Celui qui vient en paix, tu vas en paix avec lui, celui qui veut te baiser, tu le baises avant qu'il ne te baise. Nous ne sommes pas des utopistes, non plus. Si nous, nous faisons des évènements avec des gens, c'est avec des gens qui sont vrais. Sur scène, on ne fera jamais venir des putes. Je ne pense pas que nous soyons en décalage, nous ne sommes pas dépassés. Je pense même que nous sommes beaucoup plus loin que pas mal de monde.

Même s'il y a des problèmes dans le HipHop actuellement, qu'il y a des tensions dans le rap, je pense qu'il serait grand temps qu'il y ait un Blackout sur le HipHop. C'est là qu'on verra où sont les vrais. C'est là qu'on verra où sont ceux qui étaient décalés. C'est là qu'on verra ceux qui sauront se débrouiller, ceux qui étaient dans l'underground à travailler leurs projets et qui ont su créer leurs structures et qui pourront continuer à évoluer dans l'underground. Nous sommes loin d'être dépassés et puis quoiqu'il en soit, on s'en fout aussi. Les média, la nécessité de vendre plus de disques, ça ne nous touche pas de toute façon.

Qu'est-il arrivé à la Zulu Nation ? Pourquoi alors que les enjeux sociaux et politiques sont si importants pour les jeunes générations HipHop aujourd'hui, la Zulu Nation, porte-parole de la culture HipHop en quelque sorte pendant longtemps, semble si discrète au point qu'aujourd'hui la Nation Of Islam ait pris plus d'importance qu'elle aux USA ?

DJ : Aux Usa, la situation est beaucoup plus complexe qu'en Europe. La communauté noire, là-bas, est une communauté qui se cherche. Elle essaie de trouver ses repères à travers plein d'éléments. Il faut savoir faire la distinction entre la Zulu Nation qui fait partie du HipHop, et la Nation of Islam qui est down avec le HipHop, qui respecte le HipHop. La Nation Of Islam contribue aussi à des activités de la Zulu Nation. Il n'y a pas de conflits entre les deux entités. Ce n'est pas parce que la Nation Of Islam est davantage porte-parole qu'elle a bouffé la Zulu Nation ou qu'elle piétine la Zulu. Il y a un grand respect entre Bam et les gens de la Nation of Islam. Maintenant, la Nation Of Islam ne prône pas ce que prône le HipHop. La Nation Of Islam qui parle d'Islam mais ne parle pas du même Islam que le bon musulman qui suit les 5 piliers de l'Islam et cela crée certaines interrogations.

Je pense que la Nation Of Islam a plus d'impact maintenant parce que sa gestion est différente. Bam est quelqu'un qui s'est perdu à essayer de faire des choses pour la culture HipHop, sa communauté, à l'échelle locale. On va dire que Bam a pensé globalement, mais a agi localement. A côté de cela, on peut dire que la Nation Of Islam, comme elle a vu qu'il y avait un type qui s'occupait de sa communauté localement, elle a décidé de s'occuper de la communauté mais mondialement, par le biais de grands artistes, à travers des grands colloques, à travers des choses qui rapportaient plus, même au niveau argent. Plus tu as d'argent, plus tu as les opportunités pour créer des structures, monter des bureaux, plus tu sais gérer efficacement... Et puis, la Nation Of Islam est plus médiatique aussi. Farrakhan attire plus la lumière sur lui que Bambaataa. Bambaataa, il n'y a que lorsqu'il fait ses tournées que les projecteurs se tournent vers lui. Mais dans sa vie de tous les jours, il est comme tout le monde, il est là pour sa communauté, il va à Harlem, il parle aux jeunes, il essaie de régler des problèmes dans le New Jersey quand il y a des problèmes de gangs. Oui, Farrakhan parle peut-être plus, mais d'un autre côté, Bam agit peut-être plus. Ils ne sont pas en opposition. Là, il y a un travail qui est fait au niveau des média, au niveau de la tchatche, et d'un autre côté, tu as un type qui est un artiste, qui est reconnu, qui est respecté, et tous les deux jours, il est sur les routes...

Le HipHop, ce n'est pas quelque chose qui a fait disparaître la violence et les problèmes de gangs d'un coup. Le côte « Peace, Unity, etc. » dans le HipHop, c'était les valeurs de la Zulu Nation, mais est-ce que c'était vraiment des valeurs partagées dans le HipHop au début? Surtout qu'à l'heure où Bambaataa revendiquait ces valeurs, les Black Spades existaient toujours ?

DJ : Je pense qu'il n'y a que les cons qui ne changeront pas d'avis. Bam a fait partie d'un gang, en effet, les Black Spades. Je ne peux pas parler à sa place mais je pense que si j'étais à sa place, j'aurai réagi de la même manière. Quand tu fais partie d'un gang ou d'un crew et que tu passes ton temps à traîner les rues et que tu fais des sales biz. Et qu'à un moment donné tu as des problèmes avec un autre gang et qu'un de tes frères tombe sous tes yeux parce qu'il s'est fait shooter, tu commences à réfléchir et je pense que ça te ramène à des choses plus importantes dans ta vie : c'est quoi l'essentiel ?

"

Si beaucoup de jeunes se sont détachés de la culture HipHop, c'est parce qu'en France, une classe d'artistes, qui était signée chez les majors, s'est trop mise en évidence, s'est accaparée la culture HipHop made in France et a réécrit l'histoire.

Me faire du fric absolument maintenant et me faire tirer dessus ? Ou essayer de vivre par rapport quelque chose, à un but, une ambition, évoluer dans la vie ? Et je découvre qu'il y a le HipHop, qui apparaît au même moment, une culture de rue qui permet de s'exprimer, de parler aux gens, de voyager. Lui, comme il le dit, il a essayé de transformer cette énergie négative qu'on a en nous, en énergie positive à travers l'art. Et oui, il y a encore des problèmes de violence mais, ça je ne pense pas que ce soit un problème qui relève uniquement du HipHop. C'est parce qu'il y a l'homme qu'il y a la violence, ce n'est pas parce qu'il y a le HipHop !

Aujourd'hui, si en France, on veut créer un chapter de la Zulu Nation comment ça se passe ?

DJ : Déjà, je pense que ça va être dur, avec un grand D, un grand U et un grand R. Mais, je pense qu'il y a moyen. Les gens qui voudraient créer une Zulu Nation en France doivent déjà faire partie de la culture HipHop. Des gens qui ont déjà une certaine reconnaissance de par leur parcours. Des gens qui s'en tiennent aux valeurs. Des gens qui doivent faire les choses parce qu'ils y croient absolument. Des gens qui pensent à l'intérêt collectif et pas à leurs intérêts personnels. Des gens qui sont conscients qu'ils sont là pour la survie de la culture HipHop, pour la préservation de la culture HipHop. Ce sera un travail de tous les jours, et de quelques années.

PO : En Belgique la Zulu Nation est une ASBL, ce que vous vous appelez en France, association de loi 1901. Nous l'avions créé officiellement parce que nous étions déjà une association de fait et que nous avions besoin de subventions. Maintenant si vous souhaitez que votre association porte le nom de Zulu Nation, il faut officiellement l'agrément de Bambaataa. Aujourd'hui, c'est un conseil qui agrée l'ouverture d'un chapter, et actuellement, tout est en train de se remettre en place. Parce que c'est le bordel depuis pas mal d'années. On n'ouvre pas un chapter Zulu comme ça. Maintenant, défendre soi-même les valeurs de la Zulu Nation, il n'y a aucun problème. Au contraire, on vous encourage même à le faire.

DJ : Créer un chapter Zulu, c'est aussi, quelque part,

s'attendre à porter le HipHop sur le dos. La Zulu Nation, ce n'est pas n'importe quoi dans le HipHop. Si demain, tu crées un groupe ou une association qui s'appelle Street productions par exemple, tu montes et tu tombes, quelque part, ça n'a pas de poids, ça n'a pas de conséquence dans le HipHop. Parce que Street productions dans l'histoire du HipHop, c'est quoi ? Ça représente quasiment rien. Mais si tu reprends le nom Zulu, tu crées un concept Zulu, tu montes, tu couilles et tu tombes, c'est un certain poids, une certaine image de la culture HipHop qui tombe aussi. C'est un nom comme Bam, c'est plusieurs chapters Zulu en Europe qui tombent avec. Parce que si tu salis l'image de la Zulu Nation en France, tu salis indirectement celle de la Belgique, celle de la Suisse, de l'Autriche et on détruit d'un coup ce que d'autres chapters ont essayé de construire pendant des années.

En quoi le HipHop a-t-il évolué depuis ses origines?

DJ : Tu as le HipHop qui est vu par la masse et tu as le HipHop qui est vécu dans l'underground. Et celui-là a évolué autant que le HipHop commercial a évolué. La culture HipHop dans sa totalité a évolué. Avant, on pensait que le HipHop, c'était east coast/west coast, le HipHop, c'est aussi Miami et plein de villes aux USA. Mais on sait aussi aujourd'hui, que c'est plein de villes en France et pas seulement Paris. On sait que c'est plein de villes en Belgique et pas seulement Bruxelles et Anvers comme à l'époque. On sait aussi que c'est en Allemagne, c'est dans l'ancien bloc de l'Est, c'est dans des pays comme le Chili, dans des pays où il y a des dictatures terribles, où il y a la pauvreté, où les gens n'ont rien pour vivre. Tu as un HipHop qui est au Japon, etc... Et tu as aussi les affinités qui ont évolué, chose qu'on n'avait pas avant. On était plus jeunes, on n'en avait rien à faire d'aller à Paris, et les parisiens n'en avaient rien à foutre de venir chez nous. On était très sectaires, on était cantonnés dans notre quartier et des fois, on faisait des descentes en ville. Après on s'est dit, on va aller voir ce qui se passe là, j'ai entendu qu'il y avait des MCs, des graffeurs. Rien que parce que ça sonnait HipHop, on a voulu voir ce qu'il y avait du côté flamand chez nous. On a rencontré les premiers MCs et les premiers graffeurs en Flandre. Les premiers B-Boys de Paris sont ensuite venus chez nous, Gabin et toute la clique, on a eu un allemand qui est venu un jour, et voilà. On a évolué sur tous les plans. En termes de communication, on a évolué. En termes de technologie, on a évolué, regarde ce qu'on fait au niveau de la musique avec le sampling ! En 30 ans, on a méchamment évolué et je pense qu'on va continuer d'évoluer.

Je me souviens à l'époque, un mec me disait, votre musique funk là, elle sera morte dans 10 ans. Pertinemment, ceux qui écoutent du funk savent que le funk a un son qui a 10 ans d'avance sur tous les autres sons du monde. Et qu'actuellement, pas 10 ans après, mais 20 ans après, on utilise encore le son du funk pour faire du HipHop. Que les gens qui se moquaient de nous à l'époque, les New Beats, les Acid, eux ils utilisent les platines MK2 aujourd'hui, alors qu'à l'époque, ils ne voulaient rien savoir.

Même au niveau de la mode et de la tenue vestimentaire, on a évolué, on était en training à l'époque, avec les chaussettes au-dessus, le short aussi, avec le K-way. Ensuite, ça a été le jean beaucoup plus large, des sapes plus larges et plus classes que le training. Tout a évolué dans le HipHop. Peut-être que musicalement, parfois ça s'uniformise maintenant, mais ça va de nouveau évoluer, j'en suis sûr.

Entretien réalisé en 2006

TOUT N'EST PAS SI FACILE

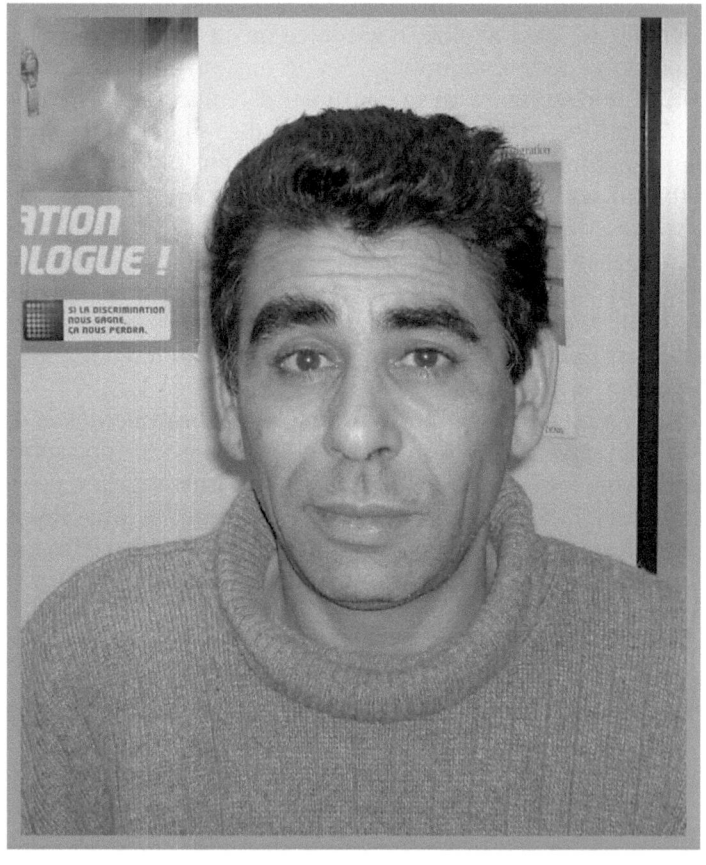

SAID BOUAMAMA

Militants associatifs et acteurs du HipHop : Un rendez-vous manqué ?

Saïd Bouamama, sociologue, est chargé de recherche à l'IFAR (Intervention, Formation, Action, Recherche) de Lille et militant associatif. Il est auteur de plusieurs ouvrages sur les questions de domination, de l'immigration dans la société française et de la géopolitique africaine, entre autres. Dans cet entretien, il apporte un éclairage sur le rendez-vous manqué entre militants associatifs et les acteurs du HipHop au moment de l'émergence de cette culture en France.

VHH: En 1983, votre combat était en quelque sorte, celui de la reconnaissance de votre existence en France, via notamment la marche pour l'égalité et contre le racisme. Comment et pourquoi est né cette marche ?

Saïd Bouamama : Cette période est celle des crimes et agressions racistes dans un contexte politique où le Front National fait ses premières percées électorales, où ses thèmes commencent à se répandre dans l'ensemble de la classe politique et où le Parti Socialiste (PS) l'instrumentalise et le favorise pour diviser la droite. La marche pour l'égalité (et non la marche des Beurs comme les médias l'ont appelé) était une révolte pour le droit à la vie. Le slogan de la marche était « *Rengainez vos fusils les marcheurs sont arrivés* ».

Au cours de la marche, le mouvement se conscientise et affine ses analyses et prises de position. Il réagit contre les tentatives de récupération qui se font jour et qui veulent limiter nos revendications à un anti-racisme abstrait et « fraternel » (ce que sera SOS racisme un an après) sans revendications précises et en oubliant notre révolte initiales pour l'égalité. L'année d'après, une seconde marche « Convergence 84 » s'adresse à l'opinion publique pour appeler à la convergence de tous les dominés, en rompant avec le paternalisme et le fraternalisme de l'antiracisme abstrait.

La radicalisation du mouvement poussera le PS à lancer médiatiquement SOS Racisme qui n'a jamais eu d'ancrage dans les quartiers populaires. L'objectif était clair : contrecarrer le développement d'un mouvement autonome radical. A nos revendications (droit de vote pour les parents, lutte contre les discriminations, interdiction de la vente libre d'armes, etc.), SOS Racisme oppose ses slogans vides « touche pas à mon pote », « j'aime qui je veux », etc.

Avec le recul, quel a été l'impact de ce mouvement ?
Ce mouvement a permis l'apparition publique des jeunes issus de la colonisation dont l'existence même était niée auparavant. Il a permis d'imposer un certain nombre de débats à la société française et à sa classe politique. Désormais personne ne peut plus nier le scandale d'une inégalité massive dans la société et dans les institutions (école, police, services publics) à partir du critère des origines. Par contre, le mouvement n'a pas pu se structurer durablement de manière autonome afin de construire un rapport de force permettant de transformer la réalité. Les discriminations se sont amplifiées et une nouvelle catégorie de sous-prolétaires issue de la colonisation s'est mise en place.

Le HipHop a commencé à émerger en France, après la marche pour l'égalité. Le HipHop, à la base, c'est la rébellion contre le statu quo. Et la jeunesse immigrée y est fortement impliquée. Mais il y a eu rendez-vous manqué. A priori, il y avait un lien entre la marche pour l'égalité et le HipHop. Mais le rendez-vous a été manqué. Pourquoi, selon vous ?
Le lien est à mon avis évident. La marche de 1983 et le HipHop sont deux expressions d'une même révolte contre la domination. Dans les deux cas, ce qui est dénoncé c'est le scandale d'une vie d'esclave faite à toute une partie de la jeunesse des milieux populaires. Ce qui est décrit comme aspiration, c'est dans les deux cas, une exigence de vérité et

L'émergence d'une minorité que l'on met en scène vise à masquer que l'essentiel des enfants de l'immigration est contraint à une vie de parias… En réalité, la société française s'enfonce dans le modèle américain avec une couche moyenne minoritaire et une masse d'esclaves modernes. C'est la vieille politique coloniale consistant à faire émerger une « élite indigène » masquant le scandale de la vie des autres.

d'égalité. Le rendez-vous a été manqué du fait de la jeunesse du mouvement HipHop à cette époque. L'inexpérience militante des marcheurs explique aussi cette non rencontre. Ceci dit, le combat continue...

L'écrivain nigérian, Chinua Achebe, a dit ceci : « L'histoire est notre escorte. Sans elle, nous sommes aveugles ». Vous insistez sur l'importance de l'histoire, notamment celle de l'immigration en France. Quelle est l'importance de l'histoire, de la nécessité de connaître son histoire surtout pour les jeunes aujourd'hui?

Toutes les dominations se construisent par des occultations de l'histoire. Il existe une histoire de l'exploitation de nos parents, une histoire de leurs révoltes et de leurs luttes, une histoire de l'esclavage et de la colonisation qui a permis le développement économique de la France et qui a plongé les pays d'Afrique dans la misère, etc. Sans prendre en compte cette histoire, on se contraint à des prises de conscience partielles, à se tromper parfois de combat, à être récupérés et instrumentalisés, à refaire toujours les mêmes erreurs.

Le racisme n'est pas un aspect moral de quelques mauvaises personnes. Il fait partie de l'histoire économique et politique de ce pays. Il est intériorisé dans les inconscients politiques et les imaginaires collectifs. Prendre la mesure du combat à mener suppose une connaissance de ces histoires et de ces luttes.

Pourquoi le combat pour la mémoire est-il essentiel à l'intégrité de l'histoire des luttes de l'immigration ?

La mémoire ne concerne pas seulement l'immigration. C'est l'ensemble de la société française qui doit connaître les dominations et exploitations du passé esclavagiste, colonial et liées à l'immigration. Cette mémoire permet d'unir ceux qui doivent être unis. Sans elle, nous sommes aveugles.

Comment transmettre l'histoire lorsqu'elle n'est

pas racontée dans les livres d'école et ignorée dans les grands médias ?

L'histoire transmise est toujours celle des dominants. Il y a toujours eu des luttes autour de la manière de dire l'histoire. Comme pour les autres questions, ce sont les rapports de force qui contraignent les dominants à intégrer dans les médias, les livres scolaires, etc. des pages noires jusque-là occultées. Faire parler cette histoire enfouie par tous les moyens (manifestation publique, chansons, livres, etc.) est une première étape. Construire un rapport de force pour contraindre à la prise en compte est une seconde étape.

Autonomie et auto-organisation sont des termes qui semblent importants pour vous. Pourquoi l'auto-organisation vous semble si important voire nécessaire ?

Seule l'auto-organisation garantit que les revendications des acteurs ne soient pas réduites, galvaudées, instrumentalisées. Sans cette auto-organisation, nos exigences sont dépendantes des tactiques de ceux qui prétendent nous soutenir. L'absence d'une auto-organisation sur la question du droit de vote aux parents fait que la gauche la repousse d'échéance électorale à échéance électorale. Promis en 1981, le droit de vote est ainsi encore qu'un discours. C'est l'auto-organisation qui permet ensuite éventuellement des « alliances ».

Quel est l'enjeu de l'autonomie ? Qu'est-ce que signifie être autonome pour vous ?

Etre autonome, c'est se forger en toute indépendance un point de vue, une analyse et des revendications. Etre autonome, c'est aussi prendre en main soi-même l'organisation du combat. Etre autonome, c'est se garantir de ne pas être dépendant des autres et des subventions conditionnées à l'abandon de nos revendications.

Beaucoup de gens sont dans l'illusion aujourd'hui pensant que le combat est fini et estimant que parce qu'on voit des noirs et des arabes à la télé, au journal

TV, dans les grandes émissions, parce qu'on voit tel ou telle en couverture d'un grand magazine ou à un poste de cadre dans une grande entreprise, qu'il n'y a plus de combat. C'est vraiment dangereux parce que cette illusion est en fin de compte une arme qui nous maintient dans notre situation et nous empêche à aspirer à mieux. C'est en partie à cause de cette illusion que beaucoup de gens ne voient pas l'urgence et ne se réunissent pas pour agir... ensemble. Comment expliquez-vous cette illusion ?

L'émergence d'une minorité que l'on met en scène vise à masquer que l'essentiel des enfants de l'immigration est contraint à une vie de parias. Les chiffres parlent d'eux-mêmes : ils sont surreprésentés dans les prisons, les décès du SIDA, le chômage, les emplois précaires sans avenir, les contrats aidés, l'échec scolaire, etc. En réalité, la société française s'enfonce dans le modèle américain avec une couche moyenne minoritaire et une masse d'esclaves modernes. C'est la vieille politique coloniale consistant à faire émerger une « élite indigène » masquant le scandale de la vie des autres. L'illusion provient d'une analyse et d'une conscience politique insuffisante qui continue à analyser le racisme comme étant d'abord moral et d'oublier que ce racisme a une fonction économique : assigner certains à une place de dominés et leur faire intégrer une mentalité de dominés comme à l'époque coloniale. L'illusion provient aussi de la faiblesse de nos associations comme organisation du combat commun. Beaucoup d'associations se sont enfermées dans la gestion d'activité (avec subventions et salariés) alors qu'elles devraient être des organisatrices des revendications.

Comment rompre avec cette illusion ?

La rupture avec cette illusion passe par la conscientisation, la formation politique, la connaissance des luttes de nos prédécesseurs, le refus de la compromission, etc. Bref un long chemin reste à parcourir, mais il est le seul possible pour que dans cent ans, nos petits enfants ne soient pas encore assignés à une place de dominés.

"

Les rappeurs comme les militants sont partagés entre deux tendances contradictoires: leur engagement et le souci individuel de sortir de la précarité. Tant qu'ils ne seront articulés à un mouvement organisé, la volonté de sortir de la galère se fera au détriment des raisons de l'engagement. Cette réalité est dure à constater mais est bien réelle. Les récupérations se font toujours en s'appuyant sur la galère réelle des personnes.

Vous avez un discours qui peut être considéré comme radical par les temps qui courent... Je suppose que c'est quelque chose que vous avez certainement dû entendre. Qui dit «radical ou trop radical » dit, généralement, peu de soutien de la part de la majorité des gens, de la communauté immigrée dans le cas présent. Que répondez-vous à ceux qui pensent ou disent que vous êtes est trop radical ?

Etre radical, c'est poser les choses à leurs racines et refuser sous prétexte de « réalisme » de farder la gravité de la situation. Faut-il également rappeler que tous les progrès en termes de droits ont été obtenus parce que des militants ont accepté de décrire la réalité telle qu'elle était ? Nous ne choisissons pas la radicalité, c'est la réalité sociale qui est radicalement inégalitaire. Dans le passé, on a taxé de radicaux ceux qui exigeaient la fin de l'esclavage puis de la colonisation. De même, on a taxé de radicaux ceux qui exigeaient que les immigrés aient les mêmes droits que les français. Les radicaux d'hier nous permettent d'avoir nos libertés et droits d'aujourd'hui. Les radicaux d'aujourd'hui préparent des acquis qui seront considérés comme non radicaux à l'avenir. Et puis quel est l'autre chemin, celui des « non radicaux » ? Demander aux victimes de patienter, dire que la réalité est grave mais qu'on ne peut rien faire, farder la réalité pour qu'elle n'apparaisse pas comme radicale ?

Souvent les associations ou les organisations non gouvernementales sont ambiguës. J'ai quelquefois remarqué que lorsqu'elles prétendent défendre une cause ou incitent les gens à défendre une cause, elles essaient en fait de convaincre la population de suivre leurs intérêts qui ne sont pas forcément ou clairement ceux de la population qu'elles prétendent soutenir ou aider. Ça pour moi, ce n'est pas organiser, c'est de la manipulation. Comment organisez-vous les gens ? Comment faites-vous pour les inciter à agir et à réagir ?

Vous avez raison. Une partie des associations ne sont que les faire valoir de personnes qui tentent d'utiliser la misère de leurs « communautés » pour négocier un profit individuel. Pour éviter cela, il faut organiser les gens à la base. Un bon exemple est donné par le CSP 59 (Comité des Sans Papiers) qui est membre du MAI. C'est le fait que les sans-papiers soient souverains dans les décisions qui fait que des victoires ont été obtenues. Il faut généraliser cette conception de l'organisation et de la décision politique.

Il y a deux sortes de pouvoir : l'argent organisé et le pouvoir organisé. Que vous inspire cette phrase ?
L'argent a fait beaucoup de dégâts dans le mouvement. Par le biais de subventions, les associations ont été amenées à réorienter leurs actions de la mobilisation vers la « contribution ». Intégrer pour neutraliser est une des vielles méthodes de la domination. L'autonomie, c'est sauvegarder l'indépendance du point de vue et cela passe parfois et même souvent par le refus d'être subventionné ou par un rapport de forces qui empêche la subvention de nous détourner de nos objectifs premiers.

Le jeu des politiques, c'est de nous tenir à l'écart. Ils font tout pour nous endormir et de nous éloigner des vrais enjeux. La plupart de jeunes issus de l'immigration sont pourtant français. Mais politiquement, on dirait qu'on ne représente rien. Parce qu'ils savent qu'on ne vote pas et qu'on ne réagit pas... Puisqu'on ne vote pas, on n'existe pas, et comme on ne réagit pas, ils s'en foutent de nous. Comment remédier à cela ? Comment convaincre les jeunes français issus de l'immigration à s'investir dans la vie politique ? Comment redonner le sens politique ?
Il ne faut pas se battre sur les termes. Les mêmes jeunes qui disent refuser la politique en font constamment dans leurs révoltes et leurs chansons. Redonner du sens à la politique, c'est mener des actions concrètes de mobilisation sur tel

ou tel point. A chaque fois qu'un point de vue est exprimé de manière autonome et en décrivant la réalité, à chaque fois qu'une action est menée, nous sommes dans le monde politique.

Le pouvoir respecte le pouvoir. Le HipHop est une culture qui prend de plus en plus de l'ampleur en France. D'ailleurs vous vous êtes déjà associés à différentes reprises avec certains acteurs du HipHop. Pensez-vous que le HipHop, le public du HipHop, la communauté que forme le HipHop, peut être une source potentielle de pouvoir, de menace politique? Si oui, comment ?

Il l'est déjà et les poursuites judiciaires contre certains groupes le montrent. Le mouvement HipHop se divisera inévitablement entre ceux qui en font un business et ceux qui le pensent comme expression d'une réalité de mal-vie. Il faut néanmoins que le HipHop se lie étroitement aux autres formes de la contestation sociale sinon il deviendra un mouvement sans ancrage. Personne ne connaît la solution miracle. Chacun essaie de bouger avec ses armes. Il faut regrouper nos formes d'expressions.

On dit souvent que les jeunes issus de l'immigration votent peu. Est-ce que c'est un constat que vous faites aussi ? Et s'ils ne votent pas, pourquoi ? Avez-vous des explications ?

Il n'est pas étonnant que ces jeunes ne votent pas. Aucune force politique n'est cohérente avec ce qu'ils vivent. Aucune ne pose radicalement les questions qui sont scandaleusement radicales dans leurs vécus. Il y a un décalage réel entre ceux qui prétendent défendre les opprimés et ceux-ci.

Mais, voter ne résout rien. Voter ne va pas mettre fin à tous nos problèmes. Déjà pour donner du sens à un vote, il faudrait savoir pour qui, pour quoi et dans quel but, on vote. Quel sens, quelle valeur donnez-vous au vote ?

"

N'oublions pas que la liberté, c'est agir sur ce qui est nécessaire à l'époque que l'on vit. Le reste, c'est l'idéologie de la liberté que véhiculent les médias : l'artiste qui pense seul et qui regarde « son moi intérieur ». L'art et la manif sont deux formes d'expression d'une même révolte. Elles doivent converger et se mettre au service des combats réels.

D'abord certains n'ont pas encore le droit de vote et il convient de mener le combat pour qu'ils puissent voter ou même décider d'eux-mêmes de ne pas voter. Pour le reste, le vote n'est qu'un moyen et rien d'autre. Si, de manière générale, aucun parti actuellement n'est au diapason de notre réalité, cela n'empêche pas que dans telle ou telle circonstance nous puissions voter pour un tel ou tel, à partir, toujours, du rapport de force que nous aurions construit. Le débat est aujourd'hui mal posé car nous n'avons pas construit ce rapport de force nécessaire pour soutenir momentanément des candidats.

«*Il s'agit de transformer notre exigence de vivre dignement, en stratégie d'action politique durable et non plus au coup par coup.*» Qu'entendez-vous par là ?

Notre société est structurellement inégalitaire. La révolte momentanée et par à coup ne suffira pas à la transformer. Les dominés ont besoin de se forger une stratégie pour gagner à long terme et pour sauver leur dignité à court terme. Pour cela, nous devons nous organiser pour peser. Nous devons agir dans le long terme pour que demain nous soyons des milliers à soutenir une grève de sans-papiers, pour être des milliers à manifester contre les poursuites vis-à-vis d'un groupe comme La Rumeur, que nous soyons des milliers pour soutenir le combat d'une famille pour la justice face à un crime raciste, etc. C'est ce nombre et cet aspect durable qui fera nos victoires.

En quoi consiste votre travail de terrain dans les banlieues ?

De ma place d'écrivain et de sociologue, je m'attache le plus possible à faire des travaux qui démontrent les mécanismes de la domination et leurs habillages idéologiques, d'une part, et je participe le plus possible à tous les moments de débats qu'organisent ces jeunes. En tant que militant du MAI, je participe à toutes les tâches d'un militant.

Tout mouvement, toute musique politique ou engagée, pour être viable, pour survivre à l'épreuve du temps, doit avoir des connections et des répercussions matérielles. Tout mouvement doit s'associer à des organisations qui contribuent à l'amélioration des conditions de vie, de la situation sociale ou matérielle des personnes qui s'y impliquent. C'est en cela que le rap politique a failli... Le rap engagé, politique ou conscient comme certains aiment l'appeler a besoin de ces organisations. Comment expliquez-vous ce peu de lien, de collaboration durable et permanente entre les associations de votre genre et le milieu HipHop ?

Cette faiblesse est liée à une incompréhension de ce qui devrait nous unir : la révolte commune contre les inégalités. Le reste n'est que partage du travail, chacun agissant avec ses outils. Je pense aussi que le mouvement militant a sous-estimé l'apport des artistes au combat et qu'à l'inverse ces artistes ont voulu préserver une « liberté ». N'oublions pas que la liberté, c'est agir sur ce qui est nécessaire à l'époque que l'on vit. Le reste, c'est l'idéologie de la liberté que véhiculent les médias : l'artiste qui pense seul et qui regarde « son moi intérieur ». L'art et la manif sont deux formes d'expression d'une même révolte. Elles doivent converger et se mettre au service des combats réels.

Pourquoi à votre avis, les rappeurs (issus de l'immigration) ne sont pas davantage engagés politiquement, ne serait-ce que dans leurs textes ?

Les rappeurs comme les militants sont partagés entre deux tendances contradictoires : leur engagement et le souci individuel de sortir de la précarité. Tant qu'ils ne seront articulés à un mouvement organisé, la volonté de sortir de la galère se fera au détriment des raisons de l'engagement. Cette réalité est dure à constater mais est bien réelle. Les récupérations se font toujours en s'appuyant sur la galère réelle des personnes. La seule garantie est de se penser comme outil chanté ou dansé des luttes et non comme « artistes » cherchant une reconnaissance.

Est-ce que ce qui manque, peut-être, c'est le sentiment d'appartenir à une même communauté? Les immigrés appartiennent tous à différentes communautés, mais il n'y a pas à proprement parler de sentiment d'appartenance à la communauté immigrée.

Il n'y a pas de communauté immigrée et il n'y en aura pas. La seule communauté possible est le regroupement de la communauté des dominés. Ne nous enfermons pas dans le discours communautaire, car sinon comment la définir : Les noirs ? Les Arabes ? Que faire de nos amis français depuis x générations qui partagent notre révolte ? La seule communauté progressiste est politique.

La France est multiple. Ce qui réunit les gens, ce n'est pas une identité de culture mais une identité d'intérêts. Nous avons tous intérêts à faire sauter les dominations d'aujourd'hui et à faire converger les dominés. Alors, au boulot!

TABLE

AVANT-PROPOS 9
La récupération du pouvoir de notre voix

REGINALD AKA MC SOLDA 12
Le rap vaut-il le prix de ma vie ?

MOURAD SENOUCI (CALL 911) 38
Comment professionnaliser le HipHop
au niveau régional ?

DEFI J & PHIL ONE (ZULU NATION BELGIQUE) 62
Qu'est-il arrivé à la Zulu Nation ?

SAID BOUAMAMA 82
Militants associatifs et acteurs du HipHop :
Un rendez-vous manqué ?

LA VOIX DU HIPHOP

La Voix du HipHop est la plateforme HipHop de l'Eurorégion (Hauts de France et Belgique), créée, au début des années 2000, par des acteurs du HipHop de la région et destiné aux passionnés, activistes et curieux de la culture HipHop.

La Voix du HipHop donne la voix à ceux qui vivent et développent le HipHop, met en avant les initiatives régionales, apporte des idées et outils pour aider au développement du HipHop.

La Voix du HipHop est une plateforme multimédia qui inclut un magazine papier, une émission de radio, un site web, une maison d'éditions et un réseau d'activistes.

La Voix du HipHop est un projet de l'association HipHop Survivors, basée à Lille, en France.

Plus d'infos: LavoixduHipHop.net

ISBN : 978-2-9565630-5-1

Dépôt légal : Juin 2021

Web : LaVoixDuHipHop.net